오 펜 하 이 머

각 본 집

일러두기

- 책에 등장하는 표기는 원칙적으로 현대 한국어의 표준어 규정을 준수하였습니다.
- 저자, 등장인물, 배우 등의 이름 표기는 국립국어원 외래어표기법을 따르지 않고, 영화 〈오펜하이머〉에서 공식적으로 사용하는 표기와 통일하였습니다.
- 이 각본은 흑백 장면과 컬러 장면이 구분되어 있습니다. 오펜하이머의 시점에서 진행되는 컬러 장면의 지문은 원서에서도 1인칭 주어를 사용하여 표현하고 있으며, 한국어판에서는 주황색으로 표기하였습니다. 3인칭 시점의 흑백 장면 지문은 먹색으로 표기하였습니다.
- 〈여는 글〉의 각주는 작자인 카이 버드가 단 것이며, 각본 본문의 페이지 하단에 수록된 각주는 편집자주입니다.

크리스토퍼 놀란

OPPENHEIMER

오펜하이머
각본집

허브

차례

여는 글
출연진 및 크레딧
〈오펜하이머〉 각본

여는글

로버트 오펜하이머는 가장 가까운 친구들에게도 늘 수수께끼 같은 인물이었다. 사회적으로 미숙한 젊은 청년이었던 그는 불가사의한 양자물리학의 세계를 파고들었다. 하지만 그는 동시에 존 던John Donne의 시를 사랑하고 산스크리트어 원어로『바가바드 기타Bhagavad Gita』를 읽으며 자신의 삶을 풍성한 모호함으로 채워나간 탐미주의자였다. 그는 시와 과학을 결합시키고자 한 르네상스적 인물Renaissance man로, 총명했지만 순진했고 통찰력이 뛰어났지만 무척 나약하기도 했다. 그의 동료 물리학자 이지도어 라비Isidor Rabi는 "그는 매우 현명했지만 동시에 매우 어리석었다"라고 말했다. [1]

라비는 또한 "오펜하이머의 내면엔 세속적인 면이 많이 부족했다"라고 하면서 "그러나 그러한 정신적 특성과 정제된 언행이 되레 그에게 카리스마를 부여했다", "그는 결코 자신을 완전히 드러내는 법이 없었다. 그래서 늘 뭔가 드러나지 않은 깊

은 감수성과 통찰력이 그 안에 숨어 있다는 느낌을 줬다"라고 덧붙였다.[2]

이 복잡한 인물이 바로 2차 세계대전의 와중에 원자력 무기를 개발한 주인공이다. 이 '원자폭탄의 아버지'는 그 무기가 가져올 고통스러운 도덕적 결과를 잘 알고 있었다. 그는 과학과 이성적 사고에 삶을 헌신한 인물이었다. 그러한 그가 대량학살 무기 개발에 참여하기로 결정한 것에 대해 물리학자 프리먼 다이슨Freeman Dyson은 이렇게 말했다. "그것은 파우스트의 거래였고 우린 여전히 그 거래의 결과 속에 살고 있다."[3]

오펜하이머의 이야기는 이제 우리의 인간적 정체성이 원자력 문화와 깊게 연결되어 있음을 상기시켜 준다. 맨 처음 원자폭탄을 일본의 두 도시에 투하한 나라의 국민들에겐 더욱 그러하다. 소설가 닥터로우E. L. Doctorow는 이렇게 말했다. "1945년 이래로 폭탄은 늘 우리의 화두였다. 그건 처음엔 무기였고 그다음은 외교였으며 지금은 경제다. 이렇게 무서우리만치 강력한 존재가 40년의 세월 동안 우리의 정체성을 구성해 왔다는 건 어찌 보면 당연한 일 아닐까? 적들과 맞서기 위해 우리가 만든 이 거대한 골렘(마법으로 생명을 불어넣은 진흙 인형)은 이제 우리의 문화, 이른바 '폭탄 문화'가 됐다. 논리와 신념과 비전 모든 면에서."[4]

크리스토퍼 놀란 감독의 뛰어난 신작 〈오펜하이머〉는 2005년에 발간된 전기 『아메리칸 프로메테우스』를 각색한 영화다.

이 책은 장장 25년의 작업 끝에 완성됐다. 나와 이 전기를 함께 집필한 공동 저자 마틴 셔윈Martin J. Sherwin이 크노프Knopf 출판사와 계약을 맺은 건 1980년이었다. 그는 그 후로 오펜하이머의 친구, 제자, 친인척, 동료 등 거의 100명을 인터뷰했다(그들 중 대부분은 이제 고인이 됐다). 이 전기엔 또한 오펜하이머 본인이 수집한 하원의원 도서관 자료와 FBI가 25년간 감시 활동을 하며 축적한 8,000페이지 분량의 기록을 비롯, 세계 각지에서 수집한 약 5만 페이지에 달하는 방대한 자료들이 인용됐다. 대중에게 알려진 사람들 중 그렇게 엄청난 검열을 당하며 산 사람이 또 있을까? 오펜하이머가 한 말들은 FBI에 의해 녹음되고 기록됐다. 그 모든 자료들은 그의 전기를 쓰는 작가들에게 풍부하고 권위 있는 이야기 소재가 됐다.

2000년에 마틴 셔윈은 이 기나긴 전기 집필의 여정에 함께하자고 내게 손을 내밀었고 우린 마티니 잔으로 축배를 들며 의기투합했다. 마틴은 오펜하이머가 좋아했던 건배사를 외쳤다. "적들에게 혼란을!" 그리고 말했다. 오펜하이머의 삶은 단순히 '원자폭탄을 만든 이야기'의 수준을 훨씬 뛰어넘는 것이라고. 오펜하이머는 미국의 프로메테우스였다. 불을 훔쳐서 인간들에게 준 그리스 신 프로메테우스처럼 그는 전쟁의 시기에 자신의 나라를 위해 자연으로부터 태양의 에너지를 훔쳤다. 하지만 프로메테우스처럼 오펜하이머도 나중에 그 벌을 받아야 했다.

서윈은 내게 말했다. "만약 오펜하이머가 1954년의 보안청문회에서 그런 수모를 겪지 않았다면, 우린 이렇게 많은 시간과 노력을 들여 그의 전기를 쓸 필요가 없었을 것이다. 그 엉터리 재판이 이 전기의 핵심 줄거리다."

놀란의 시나리오는 전기 『아메리칸 프로메테우스』의 이러한 서사를 훌륭하게 재현했다. 그의 영화는 로스앨러모스와 맨해튼 프로젝트의 승리의 이야기인 동시에 오펜하이머의 몰락이라는 비극의 이야기이기도 하다.

매카시 광풍이 미국을 휩쓴 암흑의 시기인 1950년대 초에 오펜하이머는 마녀사냥의 가장 큰 희생자가 됐다. 종전 후 '원자폭탄의 아버지'로 추앙받던 그는 그로부터 불과 9년 뒤에 인민재판과 같은 청문회의 심판대에 올라야 했다. 1633년에 또 다른 과학자인 갈릴레오 갈릴레이가 중세 로마 교회의 재판정에 올라 모욕을 당한 것처럼.

히로시마 원폭 투하 직후부터 그는 원자폭탄의 위험성에 대해 발언하기 시작했다. 1945년 10월에는 "히로시마 폭탄은 이미 망해가는 적에게 사용됐다. 그건 침략자를 위한 무기다. 그 무기의 본질은 분열하는 원자핵만큼 놀랍고 공포스러운 것이다"라는[5] 발언으로 어떤 한 사람을 놀라게 만들었다.

오펜하이머의 운명은 그가 해리 트루먼Harry S. Truman 대통령에게 "내 손에 피가 묻은 것 같다"라고 내뱉은 순간에 결정됐다.[6]

그 발언 후 트루먼은 보좌진에게 "저 질질 짜는 과학자를 다신 만나고 싶지 않다"라고 말하며 그를 집무실에서 내보냈다. 그리고 몇 년 뒤, 오펜하이머는 원자폭탄보다 더 파괴적인 무기인 수소폭탄의 제조에 대한 반대 의견을 거듭 표명했고 그로 인해 또 다른 막강한 적들을 갖게 됐다. 그 대표적인 인물이 원자력위원회 위원장인 루이스 스트로스Lewis Strauss다.

국가에 대한 오펜하이머의 충성심을 도마 위에 올려 그의 보안 인증을 박탈한 보안청문회를 배후에서 주도한 인물이 바로 스트로스였다. 청문회 기간 동안 원자력위원회는 보안 심사를 빙자, 자신들의 내부규정을 수없이 위반했고 심지어는 오펜하이머의 집과 변호사 사무실을 불법 도청하기까지 했다. 그럼에도 어떤 범죄의 혐의나 증거도 찾아내지 못했다. 그들은 자기들 측 보안 패널 3명에겐 8,000페이지에 달하는 FBI의 오펜하이머 파일을 볼 수 있게 허용했지만, 정작 오펜하이머의 변호사에게는 자기 클라이언트에 관한 자료를 볼 수 있는 보안 인증을 내주지 않았다. 또한 오펜하이머에게 우호적이었던 증인들을 협박하여 그에게 등을 돌리게 만들기도 했다. 그건 치졸한 반칙 행위였다. 그것도 모자라 스트로스는 청문회의 모든 기록을 《뉴욕타임스The New York Times》에 흘렸다.

오펜하이머는 그의 또 다른 적인 물리학자 에드워드 텔러Edward Teller의 표현처럼 "자신의 교회에서 파문당한 사제"와 같은 천덕꾸러기pariah 신세가 됐다. 그는 깊은 상처를 받았고 남은 평생 정치적으로 입을 닫고 살았다. 1967년 그가 식도암으로 사망한 후 윌리엄 풀브라이트James William Fulbright 상원의원은 상원의회에 나아가 이렇게 말했다. "그가 그 뛰어난 천재성으로 우릴 위해 어떤 일을 했는지 기억합시다. 또한 우리가 그에게 어떤 짓을 했는지도 기억합시다."[7]

놀란의 시나리오는 우리의 핵무기 역사에 대한 국민적 토론을 일으킬 불씨가 될 것이다. 이 영화가 나올 걸 예상이라도 했는지 미국 정부는 마침내 1954년의 청문회를 재조사하기로 했고 2022년 12월, 《뉴욕타임스》는 다음과 같은 내용의 긴 기사를 게재했다. "에너지부 장관 제니퍼 그랜홈Jennifer Mulhern Granholm은 제2차 세계대전 당시 미국 정부의 원자폭탄 제조를 총지휘했으나 매카시 광풍의 정점에서 소련의 스파이라는 오명을 쓰고 몰락한 최고의 과학자 J. 로버트 오펜하이머의 보안 인증 철회 결정을 무효화했다."[8] 그랜홈 장관은 "역사적 기록을 바로잡고, 국가 방위와 과학 산업에 끼친 오펜하이머의 크나큰 공로를 재조명, 복원하는 중대한 소임이 우리 에너지부에 주어졌다"라고 말했다.

그랜홈 장관의 결정으로 역사의 기록이 공식적으로 바로잡혔다. 이 교훈이 특히나 중요한 건 오펜하이머가 과학자로서 갖는 위치 때문이다. 우리 사회는 과학기술이 지배하고 있고, 그 과학기술의 일부분은 오펜하이머와 그의 동료들이 개척한 물리학에 토대를 두고 있다. 그럼에도 불구하고 미국에선 여전히 과학과 과학자에 대한 불신이 존재한다.

이러한 불신은, 결함투성이였던 오펜하이머 보안청문회에 어느 정도 그 원인이 있다고 보는 게 타당할 것이다. 미국에서 가장 유명한 과학자가 무고하게 비난받고 공개적으로 모욕을 당한 1954년의 이 사건은 모든 과학자에게 '공적인 지식인의 신분으로 정치판에 개입해선 안 된다'라는 하나의 경고가 되었다. 바로 그것이 오펜하이머 사건의 진짜 비극이다. 그 사건으로 인해 우리 사회는 현대 세계의 근간인 과학 이론에 대해 솔직하게 토론할 능력을 손상당했다.

크리스토퍼 놀란의 시나리오는 뛰어난 창의력의 산물이다. 한 시대를 풍미한 오펜하이머의 인생 여정은 결코 평범한 이야기가 아니다. 공동 저자였던 마틴 셔윈이 지금 우리 곁에 있었다면 좋았겠지만 그는 2021년 10월, 84세의 나이로 사망했다. 놀란이 자신의 시나리오를 유니버설 스튜디오에 팔았다고 발표하기 불과 며칠 전의 일이다. 마틴은 이 프로젝트에 대해 알고 있었지만, 영화를 볼 기회는 물론이고 시나리오를 읽을 기회조차 갖지 못했다. 하지만 그는 이 722페이지짜리 전기를 영화로 만드는 것이 얼마나 엄청난 도전인지 잘 알고 있었다. 여러 시나리오 작가들이 이를 시도했다가 실패한 것 또한 알고 있었

다. 그가 이 시나리오를 읽었다면 분명 기뻐하고 감사했을 것이
다. 역사와 인물 모두를 충실히 그려내면서 이 너무나도 복잡한
한 인간의 이야기를 뛰어난 시각 예술로 재탄생시킨 놀란의 능
력을 그는 분명 높이 평가했을 것이다.

2023년 3월

카이 버드

Notes

1. Bird & Sherwin, American Prometheus, p. 5.

2. Bird & Sherwin, American Prometheus, p. 588.

3. Bird & Sherwin, American Prometheus, p. 5.

4. Bird & Sherwin, American Prometheus, p. xii.

5. Bird & Sherwin, American Prometheus, p. 324.

6. Bird & Sherwin, American Prometheus, p. 332.

7. Bird & Sherwin, American Prometheus, p. 588.

8. William J. Broad, 'Architect of Atomic Bomb Cleared of
   "Black Mark"', NYT, Dec. 18, 2022.

* 카이 버드는 뉴욕에 있는 레온 레비 전기 센터의 전무이사다. 그와
   마틴 셔윈은 2006년 전기 『아메리칸 프로메테우스』로 퓰리처상
   을 수상했다.

출연진 및 크레딧

킬리언 머피
에밀리 블런트
맷 데이먼
로버트 다우니 주니어
플로렌스 퓨
조쉬 하트넷
케이시 애플렉

베니 샤프디
제이슨 클락

딜런 아널드
톰 콘티
제임스 다시

데이비드 다스트말치안
데인 드한
올든 에런라이크

토니 골드윈
제퍼슨 홀
데이비드 크럼홀츠
매튜 모딘

특별출연

라미 말렉
케네스 브레너

제공

유니버설 픽처스

제작

신카피

협력

아틀라스 엔터테인먼트

감독

크리스토퍼 놀란

오펜하이머

원작

아메리칸 프로메테우스

카이 버드

마틴 셔윈

감독·각본 **크리스토퍼 놀란**

제작자 **에마 토머스 P.G.A.**

제작자 **찰스 로븐 P.G.A.**

제작자 **크리스토퍼 놀란 P.G.A.**

총괄 프로듀서 **J. 데이비드 와고**

제임스 우즈

토머스 하이슬립

촬영 감독 **호이트 반 호이테마, ASC, FSF, NSC**

프로덕션 디자이너 **루스 드 용**

편집자 **제니퍼 레임, ACE**

음악 감독 **루드비그 에란손**

시각 효과 감독 **앤드루 잭슨**

특수 효과 감독 **스콧 피셔**

의상 디자인 **엘렌 미로즈닉**

공동 프로듀서 **앤디 톰슨**

캐스팅 **존 팝시데라 CSA**

오펜하이머
각 본 집

용어 설명

Close in on   피사체에게 점점 다가가거나 또는 피사체가 점점 다가오는 장면.

Close on   장면 내의 피사체를 확대하는 장면.

Cut to black   검은 화면으로의 빠른 전환.

Cut to   하나의 장면에서 다른 장면으로 별도의 효과 없이 넘어갈 때 사용하는 장면 전환 기법.

Dissolve to   한 장면에 다른 장면이 겹치면서, 이전의 장면이 점차 사라지고 새로운 장면이 점차 명확해지는 장면 전환 기법.

EXT   익스테리어 exterioir. 실외 촬영.

Fade In   화면이 점차 밝아져 새로운 장면이 시작되는 분명히 하기 위한 화면 전환 기법.

Fade Out(=Fade to Black)   화면이 점차 어두워져 암전되며 장면이 끝나는 것을 분명히 하기 위한 장면 전환 기법.

From after   피사체를 먼 거리에서 촬영하는 장면.

INSERT CUT   장면과 장면 사이에 끼워 넣는 삽입 화면.

INT   인테리어 interior. 실내 촬영.

O.S.   오프스크린 사운드 offscreen sound. 장면에 존재하지만 화면에 잡히지 않는 인물의 대사 또는 효과음, 음악 등.

SUPER TITLE   서타이틀 Surtitle이라고도 하며, 스크린 위에 투사되는 자막.

V.O.   보이스 오버 voice over. 장면에 등장하지 않는 인물이 장면 밖에서 말하는 대사.

거대한 불덩어리, 천 개의 태양과 같은 불꽃이 밤의 사막을 천천히 잠식해 간다…. 검은색 글자가 나타난다.

> '프로메테우스는 신들의 불을 훔쳤다.
> 그리고 그것을 인간에게 주었다.'

그리고 수많은 사람들이 리드미컬하게 발을 구르는 소리…

> '그 죄로 그는 바위에 쇠사슬로 묶인 채
> 영원히 고문을 당해야 했다.'

휘몰아치는 플라스마가 팽창하며 발 구르는 소리가 강박적으로 커진다. 그 소리는 점점 빨라지고… 한 얼굴이 나타난다. 수척하고 긴장된 얼굴. 눈을 꽉 감고 있다. 그 얼굴이 소스라치면서 눈을 뜨자 소리가 멈춘다. 카메라를 응시하는 그의 눈.
내 영혼을 들여다봐…. J. 로버트 오펜하이머, 쉰 살. 바싹 깎은 회색빛 머리카락…. 관료들이 내는 가벼운 소음….

1. 핵분열

음성 (O.S.)	오펜하이머 박사님. 먼저, 기록에 남길 발언이 있으신가요?

난 노트를 내려다본다.

오펜하이머	네, 재판장님….
두 번째 음성 (O.S.)	우린 판사가 아닙니다, 박사.
오펜하이머	네, 그렇죠. (읽기 시작한다) 보안청문회 위원 여러분, 이 고발장의 모욕적인 내용들은 제 삶과 일의 맥락을 모르면 이해할 수 없는 것들입니다. 이 답변서는 현 상황과 관련 있는 제 삶의 일면들을 대략 연대순으로 요약한 것입니다….
상원의원 보좌관 (V.O.)	진술은 며칠간 했죠?

Cut to:

INT. 상원의원실, 낮(흑백 장면)

예순세 살의 성공한 인물 루이스 스트로스를 클로즈업한다. 상원
의원 보좌관이 그에게 커피를 건넨다.

SUPER TITLE:

2. 핵융합

스트로스	기억이 안 나요. 청문회 기간은 한 달이었소.
상원의원 보좌관	그에겐 큰 시련이었겠네요.
스트로스	난 변론서만 봤어요. 물론 삶을 심판받는 건 괴로운 거지.
상원의원 보좌관	그 자리에 안 계셨나요?
스트로스	난 위원장이라 참석을 못 했소. 그 일을 정말 물어볼까? 오래전 일인데.
상원의원 보좌관	4년 전이죠. 오펜하이머 때문에 지금도 미국이 분열되고 있어요. 당시의 입장을 위원회에 소명하셔야 합니다. (시계를 본다) 준비되셨나요?

INT. 상원의원 건물, 복도 – 잠시 후(흑백)

상원의원 보좌관이 스트로스를 안내해 복도를 걸어간다.

상원의원 보좌관   서몬드 의원께서 재판받는다고 생각 마시랍니다.

스트로스   그 말을 들으니 진짜 재판받는 느낌이 나네.

상원의원 보좌관   스트로스 씨, 이건…

스트로스   제독이오.

상원의원 보좌관   스트로스 제독님, 이건 다 형식일 뿐입니다. 아이젠하워 대통령은 제독님을 장관직에 천거했고 상원은 그걸 비준할 수밖에 없어요.

문에 도착한 두 사람.

스트로스   저들이 오펜하이머 얘길 꺼내면?

상원의원 보좌관   오펜하이머 얘길 꺼내면 솔직하게 대답하세요. 제독님은 임무에 충실하셨던 거니까요. 물론 힘드시겠죠.

(웃으며) 삶을 심판받는 기분이실 테니.

문이 열리고 넓은 위원회실이 나타난다. 그들이 들어가자 카메라 플래시가 터지고 기자들과 방청객들의 시선이 스트로스에게 쏠린다.

롭 (V.O.)　　　　　　　왜 미국을 떠났었죠?

Cut to:

INT. 원자력위원회, 2022호실 – 낮(컬러)

방은 작고 허름하다. 깜짝 놀란 나는 검사 로저 롭을 바라보며 답변서에서 고개를 든다. 그러고는 세 명의 위원(그레이, 에반스, 모건)에게로 시선을 돌린다.

오펜하이머　　　　　　전 최신 물리학을 공부하고 싶었습니다.

그레이　　　　　　　　여긴 공부할 데가 없어서요? 버클리 이론 물리학과도 명문이잖아요.

오펜하이머　　　　　　그렇죠, 제가 만든 학과지만요. 졸업 후 전 유럽으로 가서 케임브리지의 블래킷^{Patrick Blackett} 교수 밑에서 공부를 했습니다.

롭　　　　　　　　　　미국보다 거기서 더 행복했나요?

INSERT CUT:

스물한 살의 젊은 내가 침대에 누워 울고 있다⋯.
광대한 별들의 입자들이 마치 반딧불이처럼 움직인다⋯.

오펜하이머　　　　　　　아뇨, 그때 전⋯ 향수병이 심했고 정서
　　　　　　　　　　　　적으로 불안했어요. 우주의 비밀에 대한
　　　　　　　　　　　　질문을 끌어안고 연구소에만 틀어박혀
　　　　　　　　　　　　있었죠. 전⋯

INT. 케임브리지, 연구실 – 낮

젊은 나, 당황한 기색으로 실험 장비와 씨름한다.

오펜하이머 **(V.O.)**　　　⋯열등생이었습니다.

내가 비커를 떨어뜨리자 산산이 부서진다. 패트릭 블래킷이 얼
굴을 찡그리며 바라보다가 사과를 집어 크게 한 입 베어 문다.

블래킷　　　　　　　　　(사과를 베어 물며) 맙소사, 오펜하이머. 밤
　　　　　　　　　　　　에 통 못 잤나? 다시 해.

오펜하이머　　　　　　　강연 들으러 가야 하는데요.

블래킷　　　　　　　　　누구 강연인데?

오펜하이머　　　　　　　(애원하는 눈초리로) 닐스 보어^{Niels Bohr}요.

블래킷이 시간을 확인하더니 짐을 챙긴다.

블래킷   이런, 깜빡했네. 자, 다들 가자고.

나는 다른 학생들과 같이 짐을 챙기기 시작한다.

블래킷   아니, 자넨 남아서 박막 코팅이나 끝내.

나는 블래킷과 다른 학생들이 떠난 뒤에 남아 청소를 한다. 한 명이 블래킷을 위해 사과를 남겨두었다. 줄기와 작은 잎이 달린 녹색 사과다.

나는 병 앞에서 잠시 멈춘다. '시안화칼륨'. 서툰 손을 떨며 주사기에 시안화칼륨을 주입한다. 그리고 사과에 그걸 밀어 넣는다….

EXT. 케임브리지, 안뜰 – 저녁

나는 서둘러 안뜰을 가로지른다. 외로운 모습이다.

보어 (V.O.)   양자물리학은 그저 한 걸음의 진보가 아
                                 니라…

INT. 케임브리지, 강당 – 연속

나는 강당 뒤로 슬그머니 들어간다. 카리스마 넘치는 덴마크인 닐스 보어가 강연을 하는 동안 나는 넋을 잃고 서 있다.

보어   …현실을 이해하는 하나의 새로운 방식

입니다. 아인슈타인Albert Einstein이 열어놓은 그 문을 통해 우린 세상 안의 또 다른 세상을 볼 수 있죠. 그건 모두가 받아들이긴 힘든 에너지와 역설의 세계입니다.

나는 질문을 하려고 손을 든다….

Cut to:

INT. 상원위원회 청문회실 – 낮(흑백)

스트로스가 위원들을 마주 보고 앉아 있으며, 그 옆에는 법률 고문이, 뒤에는 기자, 카메라, 방청객이 있다.

맥기 상원의원	스트로스 제독, 당신과 오펜하이머 박사의 관계가 궁금하군요. 1947년에 그를 만났죠?
스트로스	맞습니다.
맥기 상원의원	당시 원자력위원회 위원이셨죠?
스트로스	네, 하지만 로버트는 프린스턴 고등연구소 이사 자격으로 만난 겁니다. 그는 종전 후에 물리학의 세계적 대가가 되어 있었기 때문에…

EXT. 프린스턴, 고등연구소 – 낮(흑백)

쉰한 살의 비교적 젊은 스트로스가 연구소를 바삐 빠져나간다.

스트로스 (V.O.)   …그에게 연구소장직을 맡기고 싶었거든요.

택시에서 내리는 마흔세 살의 오펜하이머. 깡마른 체구에 모자와 코트를 입고 입엔 파이프를 물었다. 이젠 그의 상징처럼 된 모습이다.

스트로스   오펜하이머 박사님, 영광입니다.

오펜하이머   스트라우스 씨.

스트로스   '스트로스'로 발음해요.

오펜하이머   오픈하이머, 오펜하이머…. 제 이름은 어떻게 발음하든 유대인 티가 나죠.

스트로스   전 맨해튼 엠마누엘 회당의 당회장입니다. 스트로스는 남부식 발음일 뿐이에요. 어쨌든 환영합니다. 이 연구소가 마음에 드실 거예요.

오펜하이머   그래요?

스트로스   가까워요. 가족과 지내실 사택이 제공되거든요.

스트로스는 나무가 우거진 길을 따라 고등연구소 소장 사택으로 향하는 길을 가리킨다.

스트로스   자녀가 두 명이시죠?

오펜하이머는 스트로스를 따라 연구소로 향하며 고개를 끄덕인다.

INT. 프린스턴, 고등연구소 – 연속(흑백)
스트로스는 오펜하이머를 연구소로 안내한다.

스트로스   성취하신 업적, 존경합니다.

오펜하이머   스트로스 씨, 물리학을 전공하셨나요?

스트로스   아뇨, 전 물리학을 배운 적도 없고 그저 자수성가한 사람이에요.

오펜하이머   뭔가 친근하네요.

스트로스   그래요?

오펜하이머   (건조하게) 제 아버지도 마찬가지셨지요.

INT. 고등연구소, 소장실 – 잠시 후(흑백)

스트로스가 오펜하이머를 잘 꾸며진 사무실로 안내한다.

스트로스   이 방을 쓰시게 될 겁니다.

오펜하이머가 창문으로 시선을 돌린다. 잔디밭에서 연못으로 시선이 옮겨 간다. 모자 아래로 긴 회색 머리카락을 늘어뜨린 인물이 거기 서 있다.

스트로스   오후엔 주로 저기 계신대요.

그가 물속으로 돌을 부드럽게 던진다.

스트로스   왜 저분을 맨해튼 프로젝트에서 제외했
                   는지 늘 궁금했어요.

오펜하이머가 흥미를 보이며 스트로스를 돌아본다.

스트로스   이 시대 최고의 과학자인데.

오펜하이머   한땐 그랬죠. 아인슈타인이 상대성이론
                   을 발표한 지 40년이 넘었지만, 그는 양
                   자 세계를 인정한 적이 없어요.

스트로스   '신은 주사위 놀이를 하지 않는다.'

오펜하이머	아시네요. 물리학을 공부할 생각은 안 해보셨나요?
스트로스	제의는 받았지만 구두 판매 일을 택했죠.
오펜하이머	루이스 스트로스가 미천한 구두 판매원이었다?
스트로스	미천하진 않았어요. (문을 연다) 두 분, 소개해 드릴까요?
오펜하이머	괜찮습니다. 잘 아는 사이거든요.

스트로스가 어색해하며 문가에서 그들을 지켜본다.

From afar:

오펜하이머가 다가가자 아인슈타인의 모자가 바람에 날아가면서 회색 머리카락이 나부낀다. 모자는 잔디밭을 굴러가고 오펜하이머가 그것을 줍는다. 그리고 우리는….

Cut to:

INT. 원자력위원회, 2022호실 ― 낮(컬러)

나는 페이지를 넘기며 답변서를 계속 읽어나간다.

오펜하이머	저는 그 새로운 세계를 마음속에 그려보

려고 몹시 애썼습니다….

INT. 케임브리지, 방 - 낮

젊은 내가 바닥에 누워 위를 쳐다보고 있다.

오펜하이머 **(V.O.)**   마음을 가다듬고, 눈에 안 보이는 곳에서
                      아른거리는 것들에 집중하면…

INSERT CUT:

빛의 점들이 불꽃이 튀는 것처럼 움직이지만
파형을 이루고 있다.

오펜하이머 **(V.O.)**   …그 전엔 상상도 할 수 없었던 힘들을 해
                      방시킬 수 있죠….

나는 눈물을 훔친다.

INSERT CUT:

별들, 캠프파이어의 불똥들. 나는 어둠 속에서 말의 코를 쓰다듬
으며 사과를 먹인다.

차분해지면서 눈꺼풀이 감긴다.

INSERT CUT:

줄기와 작은 잎이 달린 녹색 사과….

나는 눈을 뜨고 침대에서 뛰어내린다. 옷을 입으려고 허둥댄다.

EXT. 케임브리지, 안뜰 – 잠시 후

나는 사람들을 뚫고 필사적으로 달린다.

INT. 케임브리지, 연구실 – 낮

나는 연구실로 급히 뛰어든다. 블래킷이 돌아본다. 다른 남자는 내게 등을 보이고 있다. 그들 사이에 있는 작업대 위에는 독이 든 사과가…

블래킷   괜찮나?

나는 어색하게 고개를 끄덕이며 호흡을 가다듬으려고 애쓴다.

블래킷   닐스, J. 로버트 오펜하이머야.

다른 남자가 몸을 돌리며 손을 내민다. 닐스 보어다.

보어   J는 뭐의 약자인가?

블래킷   그런 걸 알아서 뭐 해?

보어가 이 수상하고 숨 가빠하는 젊은이, 즉 나를 끌어당긴다.

보어   어제 강연 때 자네 질문만 쓸 만하더군.

블래킷	통찰력은 있는 친구지. 연구실에서의 성과는 미흡하지만.
젊은 오펜하이머	같은 강연을 들은 적이 있습니다.
보어	하버드에서 말이군. 그때도 같은 걸 물었지. 근데 왜 또 물었나?
젊은 오펜하이머	그때 대답이 별로였거든요.
보어	어제 대답은 좀 낫던가?
젊은 오펜하이머	훨씬요.
보어	준비 없이 돌을 들췄다간 뱀을 만나는 수가 있지. 자넨 준비가 된 것 같군.

닐스 보어가 블래킷의 책상에서 독이 든 사과를 집어 든다.

| 보어 | 이곳이 재미없나? |

나는 고개를 젓는다. 보어는 사과를 든 채 손짓을 하며 얘기를 하고, 나는 고양이가 실타래를 따라 이리저리 움직이는 것처럼 그것을 지켜본다.

보어	그럼 장비 챙겨서 여길 나가. 자네 생각을 존중해 주는 곳으로 가라고. 그게 어디냐고? (나를 보며) 괴팅겐.
블래킷	보른Max Born?
보어	보른. 독일로 가서 막스 보른 밑에서 이론 쪽을 공부해 봐. 연락해 두겠네.

보어가 사과를 베어 물려고 치켜든다. 나는 그것을 잡아챈다.

젊은 오펜하이머	벌레 먹은 겁니다.

사과를 쓰레기통에 던져 넣는다. 블래킷이 의심스러운 눈초리로 눈여겨본다.

보어	수학은 잘하나?
블래킷	본인이 원하는 만큼 잘하진 못해.
보어	대수학은 팝송 악보 같은 거야. 음악만 들을 줄 알면 악보는 못 봐도 돼. 음악 들을 줄 아나, 로버트?
젊은 오펜하이머	네, 교수님.

불꽃이 파도 속에서 비산하고, 불의 파도가 유리 해안에서 부서지며 괴팅겐의 중세 첨탑 위로 날아간다.

나는 보른과 보어, 디랙을 본다. 입자들의 은하가 흩어지고 다시 뭉친다. 입체파 그림이 젊은 나를 뒤덮고, 오케스트라가 스트라빈스키를 연주한다. 나는 「황무지」를 읽고, 책상에서 격렬하게 글을 쓴다.

칠판에 미친 듯이 글을 쓰고, 유리를 깨고, 또 깨고, 또 깨고, 파편이 바닥을 가로질러 미끄러지는 걸 본다. 반짝이는 빗방울이 웅덩이를 물들이며 창문의 유리를 타고 흘러내린다. 난 개수대에 가득 찬 물의 표면이 흔들리며 파문이 번져 나가는 걸 지켜본다. 난 방 구석으로 공을 튕기며 그 궤적을 관찰한다.

Cut to:

EXT. 프린스턴, 고등연구소 – 낮(흑백)

스트로스는 오펜하이머가 아인슈타인에게 모자를 건네는 모습을 지켜본다. 그리고 시계를 확인한 후 언덕을 내려가 두 사람에게 다가간다. 그러자 아인슈타인은 몸을 돌려 그늘진 표정으로 스트로스를 향해 걸어간다.

<u>스트로스</u>　　　　　(친근하게) 알버트…

아인슈타인은 <u>스트로스</u>를 쳐다보지도 않고 지나친다. 오펜하이머가 있는 곳에 다다른 <u>스트로스</u>.

<u>스트로스</u>　　　　　둘이 무슨 얘길 하셨길래?

오펜하이머	별일 아니에요. 스트로스 씨, 제 과거 이력 중에 꼭 아서야 할 것들이 있습니다.
스트로스	원자력위원회(AEC)의 위원장 자격으로 파일 다 봤어요.
오펜하이머	근데 걱정 안 되세요?
스트로스	당신은 애국자인데 뭘 걱정해야 하죠?
오펜하이머	시대가 바뀌었어요, 스트로스 씨.
스트로스	이 연구소의 목적은 창의적 사고를 고양시키는 겁니다. 당신이야말로 그 일의 적임자죠.
오펜하이머	그럼 고려해 보죠. 내일 AEC 미팅 때 뵙겠습니다.

오펜하이머는 몸을 돌려 언덕을 다시 오른다.

| 스트로스 | (놀라며) 이 자리는 미국에서 가장 권위 있는 자립니다…. |

오펜하이머가 스트로스를 돌아보며 미소를 짓는다.

| 오펜하이머 | 네, 숙소도 가깝죠. 그래서 고려해 보려고요. |

스트로스는 고개를 절레절레 흔들며 그를 바라본다.

| 맥기 상원의원 (V.O.) | 임명 전에 그가 먼저 자기 과거사를 언급했다고요? |

INT. 상원위원회 청문회실 – 낮(흑백)

| <u>스트로스</u> | 네. |

| 맥기 상원의원 | 그런데 걱정을 안 했다? |

| 스트로스 | 전 그때 딴 걱정을 하고 있었어요. 그가 아인슈타인에게 제 흉을 봤나 싶어서 신경이 쓰였거든요. |

사람들 사이에서 웃음이 터져 나온다.

| 맥기 상원의원 | 나중엔요? |

| 스트로스 | 나중 얘기야 다들 아는 거고요. |

Cut to:

INT. 원자력위원회, 2022호실 – 낮(컬러)

위원회 구성원들이 내가 읽어나가는 것을 듣고 있다.

오펜하이머   괴팅겐을 떠난 뒤 전 네덜란드 라이덴으
                  로 갔고…

INT. 라이덴, 강당 – 낮

꽉 찬 강당. 젊은 나는 긴장하며 노트를 확인한다.

오펜하이머 (V.O.)   거기서 이지도어 라비를 처음 만났습니다.

서른 살의 건장한 청년 이지도어 라비가 마지못해 자리를 양
보하는 네덜란드 학생 옆으로 비집고 들어가 앉는다.

라비   양키가 새로운 물리학을 강의한다? 그럼
                  들어봐야지. 나도 미국인이거든.

네덜란드 학생   그거 의외네.

라비   영어 잘 모르면 내가 도와줄게.

나는 강의를 시작한다…. 네덜란드어로. 라비는 혼란스러워하며
몸을 기울인다.

라비	뭐라는 거야?

INT. 라이덴발 취리히행 열차, 밤

나는 창밖 어두운 나무들과 증기, 그림자를 바라본다. 라비가 가방을 내려놓고 반대편에 앉아 나를 살펴본다. 그리고 오렌지를 건넨다.

젊은 오펜하이머	괜찮아요.

라비	취리히까진 먼데 더 살 빠지면 증발해 버릴까 봐 그래요. 난 라비예요.

젊은 오펜하이머	오펜하이머예요.

라비가 오렌지 껍질을 벗기기 시작한다.

라비	당신의 분자 강의 들었어요, 일부만. 나랑 같은 뉴욕 출신 유대인인데 어떻게 네덜란드어를 그렇게 잘하죠?

젊은 오펜하이머	이번 학기 동안 여기서 잠깐 배웠어요.

라비가 오렌지 껍질을 벗기던 손을 멈추고 나를 쳐다본다.

라비	6주 만에 양자역학에 대한 강의를 할 만큼

배웠다고요?

젊은 오펜하이머   도전 삼아 해봤죠.

라비   양자물리학만으로도 머리가 깨지는데! 이런 슈비처^{Schvitzer}.

젊은 오펜하이머   슈비처?

라비   '잘난척쟁이'. 언어 천재가 유대어^{Yiddish}는 못 배우셨네.

젊은 오펜하이머   (미소 지으며) 우리 동네에선 유대어를 잘 안 써요.

라비   잘나셨어. 집이 그리워요?

젊은 오펜하이머   무척요.

라비가 오렌지 껍질을 벗긴다. 사뭇 진지해진다.

라비   여기선 우리가 환영 못 받는 거 같지 않아요?

젊은 오펜하이머   우리 물리학자들요?

라비	재밌네요.

젊은 오펜하이머	학과에선 그런 시선을 못 느꼈어요.

라비	그들도 다 유대인이니까.

라비가 오렌지 조각을 내게 건넨다.

라비	먹어요.

나는 오렌지를 '빨아' 먹는다.

라비	취리히에 당신이 만나볼 독일인이 있어요.

젊은 오펜하이머	하이젠베르크Werner Heisenberg.

INT. 취리히, 강당 – 낮

스물여섯 살 난 키 큰 남자가 칠판 앞에서 돌아선다. 하이젠베르크다. 나는 그의 모든 움직임을 관찰한다. 라비가 넌지시 "봤지?" 하고 묻는다.

INT. 같은 곳 – 잠시 후

라비가 내게 하이젠베르크를 소개한다.

하이젠베르크	오펜하이머, 그렇군요. 분자에 관한 논문

잘 봤어요.

오펜하이머   당신이 영감을 준 셈이죠.

하이젠베르크   또 영감받은 게 있으면 말해줘요. 함께 논
문 냅시다.

오펜하이머   전 미국으로 돌아가야 해요.

하이젠베르크   왜요? 거기선 양자역학이 푸대접받잖아요.

오펜하이머   그래서 가는 거죠.

라비   맨해튼 협곡이 그리워 죽겠대.

오펜하이머   뉴멕시코 협곡이 그리운 거죠.

하이젠베르크   뉴멕시코 출신이에요?

오펜하이머   뉴욕 출신인데 동생과 산타페 외곽에 목장
을 갖고 있어요. 지금 그리운 건 거기예요.

하이젠베르크   그럼 가서야겠네, 카우보이들.

라비   나는 아니고. 나랑 말은 영 안 어울리잖아.

그레이 (V.O.)   하이젠베르크를 또 만난 적이 있나요?

INT. 원자력위원회, 2022호실 – 낮

자조한다.

오펜하이머   직접 만나진 못했지만 서로의 길이 겹쳤
                다고나 할까요?

롭   박사님, 유럽에 계실 동안 다른 나라의 다
                양한 물리학자들을 만나신 거 같은데…
                (노트를 보며) 보른, 보어, 파울리, 디랙, 아
                인슈타인, 하이젠베르크…?

오펜하이머   그렇습니다.

롭이 나를 쳐다본다….

롭   러시아*인도 만났나요?

오펜하이머   기억나는 사람은 없네요.
                (메모를 보며) 미국에 돌아온 후 전 칼텍, 버
                클리 두 대학에…

* 여기에서는 러시아라고 쓰고 있으나, 히틀러의 침공 및 오펜하이머 청문회 당시에는 아직 소
  비에트 연방이 유지되고 있던 시기였다. 이 각본에서는 러시아와 소련(또는 소비에트)가 혼용되
  어 쓰이고 있으며, 각 단어가 나올 때마다 그대로 옮겼다.

EXT. 버클리 – 낮.

나는 교정을 가로질러 물리학부로 향한다.

오펜하이머 (V.O.)　　　…임용됐습니다.

INT. 버클리, 복도 – 연속

나는 문을 열려고 애쓰고… 문이 열린다.

INT. 버클리, 강의실 – 연속

지저분한 수납공간. 이리저리 흩어진 책상과 의자. 피아노.

EXT. 버클리, 복도 – 잠시 후

나는 교실에서 나와 옆문을 바라본다.

INT. 버클리, 연구실 – 낮

들어가자, 젊고 잘생긴 과학자 어니스트 로렌스Ernest Lawrence가 루이스 앨버레즈Luis Alvarez를 비롯한 학생들과 함께 굽은 파이프와 배선을 연결하는 작업을 하고 있다.

오펜하이머　　　로렌스 박사님 맞으시죠?

로렌스　　　오펜하이머, 맞죠? 양자이론 수업을 시작하신다고 들었어요.

오펜하이머　　　네, 옆방에서요.

로렌스	그 방을 줬어요?
오펜하이머	내가 부탁했죠. 실험물리학자들 옆방으로 달라고요.
로렌스	이론만으론 한계가 있죠? (기계를 가리키며) 우린 지금 전자가속기를 만들고 있어요.
오펜하이머	멋지네요.
로렌스	도와줄래요?
오펜하이머	만드는 걸요? 아뇨, 내가 연구 중인 이론을 그걸로 실험해 보곤 싶네요.
로렌스	강의는 언제부터 해요?
오펜하이머	1시간 뒤에 첫 수업을 해요.
로렌스	그룹 세미나로?
오펜하이머	일대일 수업으로.
로렌스	학생이 한 명뿐이라고요?

오펜하이머	누구도 상상 못 한 걸 가르치니까요. 하지만 일단 그 가능성을 알면…
로렌스	(소리 없이 웃으며) 빠져나갈 수 없다?

INT. 버클리, 강의실 – 잠시 후

나는 기대하며 서 있다. 한 학생이 문을 열고 당황한 표정으로 주위를 둘러본다.

학생	죄송합니다, 제가 강의실을…
오펜하이머	여기 맞아, 로마니츠Rossi Lomanitz 군이지?

스물한 살의 로마니츠가 끄덕이며 자리에 앉는다.

오펜하이머	양자역학에 대해 아는 거 있나?
로마니츠	기본만 좀 알죠….
오펜하이머	그럼 안 되지. (속사포처럼 쏘아붙인다) 빛은 입자일까, 파동일까?

로마니츠가 말을 하려고 입을 열지만 너무 느리다.

오펜하이머   양자역학에선 둘 다라고 해. 가능할까?

로마니츠   불가능하죠.

오펜하이머   불가능하지. 근데 가능해. 역설적이지만
                  어쨌든 가능하다고.

로마니츠는 푹 빠진다. 내가 칠판에 분필로 방정식을 써 내려
가다가 다시 돌아봤을 때, 이제는 서버Robert Serber와 스나이더Hartland
Snyder를 포함한 다섯 명의 학생이 집중해서 듣고 있다. 나는 로마
니츠에게 다가가 종이를 건넨다. 나는 그의 어깨를 두드린다.

오펜하이머   자넨 잘 해낼 거야.

Dissolve to:

꽉 찬 교실. 서른두 살의 날씬하고 잘 차려입었으며, 자신감이
넘치는 내 말 한 마디 한 마디에 다들 귀를 기울인다. 로렌스는
매료된 채 구석에서 귀를 쫑긋 세우고 있다.

오펜하이머   별을 생각해 보자고. 별, 우주의 그 거대
                  한 용광로 속엔…

INSERT CUT:

            별. 태양. 타오르며 회전한다.

오펜하이머	중력과 척력이 균형을 이루고 있지. 하지만 용광로가 식고 중력이 커지면 별은 수축해.

나는 주위를 둘러보다가 하틀랜드 스나이더와 눈을 마주친다….

스나이더	밀도도 증가하죠.

오펜하이머	중력이 커지면서…

INSERT CUT:

태양이 수축한다. 점점 더 빠르게….

스나이더	밀도도 증가하죠. 그렇게 악순환이 계속되다가… 그 한계는 뭘까요?

오펜하이머	나도 모르네. 자네가 계산해 봐. 상상 못할 답이 나올 거야.

스나이더	제가요?

오펜하이머	그래, 나보다 수학 잘하잖아.

EXT. 버클리 – 낮

나는 활기차고 늠름하게 캠퍼스를 가로질러 걸어간다. 스나이더와 로마니츠를 비롯한 학생들이 내 말 한 마디 한 마디에 집중하며 뒤를 따른다.

오펜하이머　　　아인슈타인은 코펜하겐 해석을 받아들이지 못해.

로마니츠　　　'신은 주사위 놀이를 하지 않는다.'

오펜하이머　　　신은 주사위 놀이를 해. 보어가 보여줬지….

INT. 버클리, 강의실 – 낮

나는 종이에 표시를 한다. 로렌스가 들어와 칠판을 보며 얼굴을 찌푸린다.

로렌스　　　강의실에서 정치 얘길 허용해선 안 돼.

나는 그의 표정을 살핀다. "토요일 오후 2시, 스페인 공화파 집회."

오펜하이머　　　그거 내가 쓴 거야. 로렌스, 물리학도 개혁이 필요해. 모르겠나? 세상은 변하고 있어. 피카소, 스트라빈스키, 프로이트, 마르크스….

로렌스　　　여긴 미국이야, 오피. 우린 이미 혁명을 치렀어. 그런 얘긴 연구실 밖에서 하라고.

오펜하이머	내 집주인이 연구실 밖에서 저녁에 토론회를 여는데 가겠나?
로렌스	정치 모임에 몇 번 갔는데 철학 전공자, 공산주의자들이 인종 통합 얘기만 하더군.
오펜하이머	인종 통합에 관심 없나?
로렌스	지지하지만 입에 담진 않지. 저녁이나 먹자고.
오펜하이머	내 동생도 거기 올 거야.
바틀렛 상원의원 (V.O.)	오펜하이머 박사의 파일엔 버클리에서의 활동에 관한 FBI의 조사내용이 다 기록돼 있죠….

INT. 상원위원회 청문회실 – 낮(흑백)

스트로스는 조심스레 상원의원을 바라본다.

스트로스	네, 그런 걸로 기억합니다.
바틀렛 상원의원	왜 전쟁 전부터 오펜하이머 박사의 신상 파일을 작성한 걸까요?

<u>스트로스</u>	그건 후버 국장에게 물어보시죠.
바틀렛 상원의원	스트로스 제독께 묻는 겁니다.
<u>스트로스</u>	제 생각엔 그의 좌파적 정치 활동이 이유가 아니었나 싶습니다.
바틀렛 상원의원	그런 활동들이 어떻게 FBI의 관심을 끌게 됐죠?
<u>스트로스</u>	제 기억이 맞는다면…

Cut to:

EXT. 버클리, 샤스타 거리, 홈파티 - 밤(컬러)

<u>스트로스</u> (V.O.)	FBI가 공산주의 모임에 참석한 차 번호를 조회했더니 한 대가 그의 차였어요.

차에서 내리는데 두 남자가 길거리에서 차량 번호판을 확인하고 있다…. 누군가 날 붙잡는다.

프랭크 (O.S.)	놀랐지!

스물다섯 살 먹은 내 남동생 프랭크와 그의 연인 재키다.

INT. 버클리, 샤스타 거리, 홈파티, 거실 – 밤

우리는 소란스러운 방으로 들어간다. 매력적인 젊은 여성이 눈에 들어온다.

음성 (O.S.)　　　　　로버트! 슈발리에와 인사해요.

메리 워시본Mary Washburn이 내 넥타이를 잡고 하콘 슈발리에Haakon Chevalier 박사에게로 이끈다.

워시본　　　　　여긴 하콘 슈발리에 박사, 여긴 로버트 오펜하이머 박사.

오펜하이머　　　　　이쪽은 제 동생 프랭크고, 이쪽은… 음….

재키　　　　　여전히 재키예요.

슈발리에　　　　　안녕, '여전히 재키'.

오펜하이머　　　　　슈발리에, 어학 교수죠?

슈발리에　　　　　당신 명성은 익히 들었어요.

오펜하이머　　　　　민망하네요. 무슨 얘길 들었는데요?

슈발리에　　　　　나에겐 미지의 영역인 '새롭고 급진적인

물리학'을 가르친다고요. 그나저나 당원
이시라는 얘긴 못 들었는데.

오펜하이머   당원은 아니에요.

프랭크   아직은 아니죠.

재키   프랭크와 전 입당할 거예…

오펜하이머   (말을 끊으며) 전 다양한 이념을 지지해요.

무시당한 재키가 프랭크를 끌고 사라진다.

슈발리에   스페인 내전도요?

오펜하이머   민주공화국을 위협하는 파시스트들과
는 싸워야죠.

슈발리에   우리 정부는 파시즘보다 사회주의를 더
경계해요.

오펜하이머   이젠 달라지겠죠. 나치가 유대인들에게 한
짓을 봐요. 전 독일 내의 동료들에게 이민
자금을 보내고 있어요. 뭐라도 해야만 해서
요. 제 연구는 너무 현실과… 동떨어져서.

슈발리에	뭘 연구 중인데요?
오펜하이머	별이 죽으면 어떻게 되는지.
슈발리에	별도 죽나요?
오펜하이머	만약 죽는다면 식은 뒤 붕괴하죠. 별이 클수록 그 소멸의 과정도 더 격렬해요. 중력이 너무 응축돼서…

INSERT CUT:

태양이 수축하고, 그 뒤에 있는 먼 별들의 빛이 죽어가는 별을 향해 끌어당겨지며, 구부러지고 늘어난다.

오펜하이머	모든 걸 집어삼키죠, 심지어 빛까지.
슈발리에	맙소사, 정말 그런 일이 가능해요?
오펜하이머	수학적으론 가능해요. 논문이 나오면 언젠간 천문학자들이 그런 별을 발견할 수도 있죠. 하지만 지금의 이론만으론 내가 세상을 위해 할 수 있는 게 없네요.
슈발리에	스페인에 송금할 때 공산당을 통해 보내면 전방까지 전달돼요.

매혹적인 젊은 여자가 마티니 쟁반을 들고 다가온다. 진 태트록 Jean Tatlock이다.

태트록   메리가 이걸 드리래요. 전 진이에요.

오펜하이머   로버트예요.

슈발리에   하콘 슈발리에예요. 지난달 서버가 주최한 노조 모임 때 봤죠?

태트록이 고개를 끄덕인다. 나는 잔을 집어든다.

슈발리에   로버트는 공산주의자가 아니래요.

태트록   공산주의에 대해 잘 모르시나 보네.

오펜하이머   『자본』을 세 권 다 읽었는데 그건 안 쳐주나요?

슈발리에   당원들보다 책을 많이 읽으셨군.

오펜하이머   이해하기 힘든 개념들이 좀 있더군요. "소유Ownership는 도둑질이다"라든지.

태트록   '재물의 소유Property'예요, 그냥 '소유'가 아니고.

| 오펜하이머 | 미안해요, 독일어 원서로 읽어서요. |

슈발리에는 웃음을 터트리더니 우릴 남겨두고 자리를 뜬다.

| 태트록 | 중요한 건 책이 아니고 그 속에 담긴 이념 이죠. 근데 별 관심이 없으신가 보네요. |

| 오펜하이머 | 더 나은 세상을 만들기 위해선 자유로운 사고가 필요하다고 생각해요. 왜 하나의 도그마에 자신을 가두려고 하죠? |

| 태트록 | 당신은 물리학자지요. 규칙을 자기가 고 르고 선택하는 편인가요, 아니면 에너지 를 발전에 쏟아붓기 위해서 규율을 고수 하는 편인가요? |

| 오펜하이머 | 뭐, 약간의 융통성을 좋아하죠. 당신은 늘 당의 생각을 따르나요? |

태트록이 잠시 생각하고 나를 재본다.

| 태트록 | 나도 융통성을 좋아해요. |

INT. 침실 – 잠시 후

우리는 숨을 헐떡인다. 뜨겁고 땀범벅에, 뭔가 난폭하기까지 한 정사. 태트록이 힘에 부쳐 내 위에서 내려온다.

오펜하이머   잠깐, 잠깐만.

나는 숨을 가다듬으며, 내 책장을 관찰하는 그녀를 살펴본다.

태트록   뜻밖이네.

오펜하이머   뭐가?

태트록   물리학자의 책장 같지가 않아서.

오펜하이머   당신 책장엔 프로이트 책만 있어?

태트록   사실 내 학문적 배경은…

오펜하이머   융의 학설이지.

태트록   정신분석학을 아네?

오펜하이머   케임브리지 대학원생 때 정신적으로 힘들었거든.

그녀가 나를 돌아본다.

태트록	그래서?
오펜하이머	지도교수를 독살하려고 했어.
태트록	그를 싫어했어?
오펜하이머	인간적으로 무척 좋아했지.

태트록이 다시 책들을 쳐다본다.

태트록	섹스가 필요했던 거네.
오펜하이머	와, 내가 2년 동안 만난 상담치료사들보다 진단이 명쾌하군.
태트록	당신은 복잡한 사람인 척하지만 실은 단순해.
오펜하이머	인간은 모두 단순하지.
태트록	난 아냐.

그녀가 책장에서 『바가바드 기타』를 꺼내 든다. 그녀는 책을 펼치더니 이해할 수 없는 문자를 발견한다.

태트록	이건 뭐야?
오펜하이머	산스크리트어.
태트록	읽을 줄 알아?
오펜하이머	배우는 중이야.

그녀가 내 위로 올라타더니, 내 얼굴에 책을 들이민다.

태트록	이거 읽어봐.

태트록이 움직이기 시작하고, 나는 페이지를 살펴본다.

오펜하이머	이 구절은 '비슈누'가 여러 개의 팔을 가진 모습을…

태트록	문장을 읽어보라고.

나는 그녀가 가리키는 각각의 단어를 번역한다.

오펜하이머	"나는 이제 죽음이요"…

그녀는 멋지다는 듯이 고개를 끄덕이고, 다시 움직이기 시작한다….

오펜하이머 ···"세상의 파괴자가 되었다."

EXT. 뉴멕시코 – 낮

작은 형체 세 개가 광활한 대지를 가로질러가고 있다. 내가 로렌스, 프랭크와 함께 말을 타고 산길을 올라가는 중이다.

EXT. 야영장 – 저녁

천둥이 친다. 로렌스가 말에서 내린다. 텐트를 설치하는 동안 바람이 휘몰아친다.

오펜하이머 동트기 전엔 멎을 거야. 밤 동안 공기가 차가워지면 폭풍이 잦아들어.

INT./EXT. 텐트 – 밤

로렌스, 프랭크, 그리고 나는 바람에 흔들리는 텐트 안에 옹기종기 모여 앉아 있다. 텐트 밖의 비바람에 행여나 모닥불이 꺼지지 않게 조심하면서.

프랭크 나 곧 결혼해.

로렌스 축하해, 프랭크.

나는 술에 취해 냉소적으로 프랭크를 바라본다.

오펜하이머 재키랑?

프랭크가 나를 쳐다본다…. 흔들리던 텐트가 움직임을 멈춘다….

프랭크   그래, 그 웨이트리스 재키랑.

로렌스   (긴장감을 감지한다) 오피, 자네 말대로 진짜 바람이 잦아들고 있네. 별이 보이나 가볼게.

로렌스가 나가는 것을 확인하고 프랭크가 쏘아붙인다.

프랭크   늘 '평범한 사람' 좋아하면서 재키는 성에 안 차? 우리가 입당하는 것도 못마땅해하고! 왜, 형만 입당하란 법 있어?

오펜하이머   난 입당 안 했어, 프랭크. 그녀의 설득에 넘어가 네가 입당하는 것도 싫고….

프랭크   교수진 절반이 공산주의자야.

오펜하이머   나머지 절반은 아니지.

나는 바깥을 배회하는 로렌스를 가리킨다.

오펜하이머   난 네 형이야. 네가 좀 더 신중했으면 좋겠다.

프랭크   난 형 목을 비틀고 싶어.

나는 이 말에 킥킥대고, 프랭크도 고개를 절레절레 흔들더니 웃기 시작한다. 내가 프랭크의 어깨를 붙잡자 프랭크가 고개를 든다….

프랭크   로버트, 실수를 두려워하면서 인생을 살긴 싫어.

난 졌다는 의미로 손을 든다.

오펜하이머   네가 행복하다면 나도 좋다.

프랭크   내가 행복해서 좋다니 나도 좋네.

EXT. 페로 칼리엔테* - 잠시 후

별을 올려다보는 로렌스에게 다가간다.

로렌스   하늘이 맑아서 자네가 연구 중인 검은 별을 볼 수도 있겠어.

오펜하이머   볼 수 없어. 그게 요점이야.

INSERT CUT:

팽창하는 어둠이 별들을 집어삼킨다….

---

* 오펜하이머와 그 동생 프랭크가 소유했던 뉴멕시코의 목장. 페로 칼리엔테perro caliente는 오 펜하이머가 지은 이름이며, 스페인어로 '핫도그'를 뜻한다.

오펜하이머	중력이 빛을 삼키거든. 우주에 일종의 구멍이 뚫리는 거지.
로렌스	프랭크는 괜찮아?
오펜하이머	응, 밥맛없는 걔네 형이 문제지.

이 말을 들은 로렌스가 미소 지으며 주위를 둘러본다.

로렌스	여기 참 멋지네.
오펜하이머	어릴 때 늘 생각했어. '물리학과 뉴멕시코를 합치면 내 삶이 완벽하겠다'라고.
로렌스	완벽하기엔 위치가 너무 외졌네.
오펜하이머	좀 자두자.

나는 돌아서서 텐트를 향한다. 로렌스가 뒤따른다.

오펜하이머	아까 본 그 메사*는 세상에서 내가 제일 좋아하는 곳이야. 내일은 거길 오를 거야.

* 꼭대기가 평평하고 주위가 급경사를 이룬 탁자 모양의 지형.

로렌스   이름이 뭔데?

내 대답은 마치 어둠에 집어삼켜진 것처럼 부드럽고 나직하다.

오펜하이머   로스앨러모스.

EXT. 버클리, 거리 – 낮

태트록과 나는 보도 위를 걷고 있다. 내가 손을 잡으려 하자 그
녀는 손을 빼 팔짱을 낀다.

태트록   오늘 만나게 될 줄 몰랐네.

오펜하이머   약속을 잡고 와야 했나?

길 건너편 이발소에서 한 청년이 타월을 가슴에 두르고 신문을
손에 든 채 뛰쳐나온다. 이발사가 뒤쫓아 뛰어나오자 청년은 타
월을 풀어 그에게 건네주고 달려간다.

오펜하이머   앨버레즈!

나는 태트록을 길가에 내버려 두고 앨버레즈에게 달려간다.

EXT. 버클리 캠퍼스 – 낮

앨버레즈가 달린다. 손에는 신문이 들려 있다. 나는 쫓아간다.

INT. 버클리, 강의실 – 연속

내가 급히 들어가자 로렌스가 앨버레즈를 진정시키려 애쓰고
있다.

앨버레즈   (숨을 몰아쉬며) 그들이 해냈어요! 독일의
                              한-Otto Hahn과 슈트라스만-Fritz Straßmann이…

앨버레즈가 내게 신문을 건넨다.

앨버레즈   우라늄 핵을 쪼갰대요.

로렌스   어떻게?

오펜하이머   (신문을 읽으며) 중성자로 때려서?

앨버레즈   로렌스, 핵분열에 성공한 거예요. 원자를
                              쪼갠 거죠….

오펜하이머   그건 불가능해.

나는 신문을 내려놓고, 칠판 앞으로 가 무기라도 되는 양 분필
을 집어 든다. 앨버레즈가 신문을 움켜쥔다.

앨버레즈   제가 한번 재현해 볼게요.

앨버레즈와 로렌스가 떠나고, 나는 쓰고 또 쓴다.

INT. 버클리, 강의실 - 얼마 후

로렌스가 들어온다. 나는 몸을 돌리며 칠판을 가리킨다.

오펜하이머   봤지? 그건 불가능해.

로렌스   아주 우아하고 명쾌한 계산이긴 한데 문제
                   가 하나 있어.

오펜하이머   어디?

로렌스   옆방에. 앨버레즈가 해냈어.

INT. 버클리, 방사선연구소 - 잠시 후

나는 앨버레즈의 오실로스코프를 바라본다….

로렌스   이론만으론 한계가 있다니까….

나는 멀찍이 떨어져 서서 생각을 계속한다.

오펜하이머   그 과정에서 여분의 중성자가 생성되고, 그
                   럼 그걸로 딴 우라늄 원자들을 쪼갤 수 있
                   겠군….

로렌스	연쇄반응. 나와 같은 걸 생각하고 있군.
오펜하이머	우리뿐 아니라 뉴스를 본 모든 물리학자들이 그 생각을 하겠지.
앨버레즈	뭘요? 뭘 생각해요?
오펜하이머	'폭탄' 말이야, 앨버레즈. 핵폭탄.

EXT. 버클리, 태트록의 집 – 밤

태트록이 내 손에서 꽃다발을 낚아챈다.

태트록	말했잖아, 로버트. 꽃 따위는 그만 가져오라고.

그녀가 꽃다발을 쓰레기통에 처박는다. 나는 그저 바라본다.

오펜하이머	대체 내가 뭘 어쩌길 원해?
태트록	당신한테 원하는 거 없어.

나는 잠시 멈췄다가, 부드럽게…

오펜하이머	그러면서 전화는 하잖아.

태트록이 흙을 툭툭 찬다.

태트록   안 받으면 되잖아.

오펜하이머   언제라도 받을 거야.

그녀가 나를 쳐다본다.

태트록   그러든가. 대신 꽃은 가져오지 마.

그녀가 집 안으로 들어간다.

오펜하이머   같이 안 갈 거야?

그녀의 뒤에서 문이 꽝 하고 닫힌다. 나는 그대로 서 있다.

슈발리에 (O.S.)   차였다는 거 인정해, 로버트.

돌아선다. 슈발리에와 그의 아내 바바라가 차에서 기다리고 있다.

오펜하이머   그게 그렇게 간단한 얘기가 아냐, 하콘.

INT. 버클리, 회의실 – 밤

슈발리에와 바바라가 붐비는 홀로 날 데려간다. 현수막이 걸려 있다. "건축가, 엔지니어, 화학자 및 기술자 연맹Federation of Architects,

Engineers, Chemists and Technicians."

영국 억양을 쓰는 남자가 우릴 반긴다. 그의 이름은 엘텐튼이다.

엘텐튼   슈발리에, 반가워요. 저명하신 오펜하이머
                      박사님, 전 엘텐튼입니다. 대학 내의 노동
                      운동에 대해 한마디 해주시겠어요?

오펜하이머   할 말을 좀 생각해 볼게요.

엘텐튼이 강단으로 나를 안내한다.

엘텐튼   전 셸 직원입니다. 화학자와 엔지니어들도
                      이 연맹에 가입했어요.

오펜하이머   잘됐네요.

웃으며 손을 흔드는 로마니츠를 발견한다.

엘텐튼   이젠 학계의 과학자들도 가입해야죠.

오펜하이머   그렇죠. 우린 언제쯤…

날 강단 쪽으로 미는 엘텐튼. 사람들은 내 모습을 보자 박수를
치기 시작한다. 웃을 수밖에 없는 나.

INT. 버클리, 방사선연구소 – 낮

로렌스가 입자가속기의 일종인 사이클로트론을 시험하는 모습을 지켜본다.

오펜하이머	교사들은 노조가 있잖아, 로렌스. 교수들은 왜 안 돼?
로렌스	자넨 이미 소속이 있잖아.
오펜하이머	학자도 노동권이 있어.
로렌스	그거와는 다른 문제지. 곧 손님이 올 거야.
오펜하이머	나도 있을게.
로렌스	그건 곤란해.

문이 열리고 리처드 톨먼Richard Tolman과 버니바 부시Vannevar Bush가 들어온다.

오펜하이머	리처드, 부시 박사. 북부까진 어쩐 일로?

그들은 로렌스와 눈빛을 교환한다. 어색한 침묵. 나는 그들이 불편하지 않도록 자리에서 일어난다.

오펜하이머	리처드, 루스^{Ruth Tolman}에게 전해줘요. 목요일에 패서디나로 간다고.

INT. 버클리, 강의실 – 연속

내가 들어서자 잡지 한 권이 내게 날아든다. 학생들은 모두 복사본을 읽고 있다.

서버	교수님의 블랙홀 논문이 실렸어요!

나는 잡지를 펼쳐들며 한 학생에게 말한다.

오펜하이머	하틀랜드를 데려와.
로마니츠	1939년 9월 1일. 세상은 이날을 기억할 거예요….

스나이더가 신문을 들고 시무룩한 얼굴로 들어선다.

오펜하이머	하틀랜드, 우리 논문이 실렸어!
스나이더	더 큰 게 터졌어요.

신문을 쳐드는 스나이더. "히틀러, 폴란드 침공."

오펜하이머 (V.O.)	프랑스 공방전과 영국 본토 항공전 때 전…

INT. 원자력위원회 2022호실 – 낮

내가 답변서 페이지를 넘기는 걸 롭이 뚫어져라 쳐다보고 있다.

오펜하이머   …공산주의자들이 옹호하는 중립 정책에
                     점차 회의를 느끼게 됐습니다.

롭   히틀러가 러시아를 침공한 후 공산주의에
                     다시 동조하게 된 건가요?

오펜하이머   아뇨, 그게 아니고…

그레이   롭 씨, 반대 신문할 기회는 충분히 드리겠
                     습니다.

오펜하이머   확실히 해두자면 러시아에 대한 생각이 바
                     뀌었다고 해서 저와 견해가 다른 사람들과
                     갑자기 관계를 끊지는 않았습니다. 결혼
                     전 1, 2년과 결혼 생활 동안 제 아내 키티는
                     공산당원이었고요.

뒤에 있는 소파에는 마흔여섯 살의 키티가 앉아 열심히 귀를 기
울이고 있다.

오펜하이머   하지만 1939년 패서디나에서 처음 그녀를
                     만났을 때 그녀는 이미 정치에 관심을 끊은

뒤였습니다….

INT. 패서디나, 톨먼의 집, 홈파티 – 밤

서른한 살의 키티가 내가 익숙하게 술 캐비닛을 여는 것을 지켜
본다.

오펜하이머   좋은 술은 다 여기 있어요.

키티   여긴 톨먼네 집이잖아요.

오펜하이머   전 칼텍 강의 때마다 여기서 지내거든요.

루스 (O.S.)   두 사람, 뭐 필요한 거 없어요?

고개를 돌리자 마흔다섯 살의 루스 톨먼이 장난스러운 표정을
지으며 나를 바라보고 있다.

오펜하이머   없어요, 루스.
                   (키티에게) 생물학자시라고요?

키티   그랬다가 이젠 주부가 됐죠. 양자역학에
                   대해 설명해 주실래요? 꽤 난해하던데.

오펜하이머   난해하죠. 이 유리잔과…

유리잔을 부엌 싱크대 위에 놓고 술을 따른다.

오펜하이머　　　　　이 술…

그녀에게 술잔을 건넨다. 손가락이 스친다.

오펜하이머　　　　　우리 몸… 그 모두가 거의 빈 공간이에요.
　　　　　　　　　　　묶여 있는 에너지 파동의 덩어리죠.

키티　　　　　　　뭘로 묶여 있는데요?

오펜하이머　　　　　끌어당기는 힘이요. 그 힘이 워낙 세서 물
　　　　　　　　　　　체는 단단해 보이고…

나는 그녀를 향해 손바닥을 민다.

오펜하이머　　　　　내 몸이 당신 몸을 못 뚫고 지나가죠.

키티가 손가락을 내밀며 내 손을 맞잡는다. 나는 톨먼과 이야
기를 나누는 머리카락이 희끗희끗한 남자를 쳐다본다.

오펜하이머　　　　　해리슨 박사가 남편이시죠?

키티　　　　　　　사이는 별로예요.

| 오펜하이머 | 전 누가 있기는 한데… |

| 키티 | 그녀도 같은 마음인가요? |

| 오펜하이머 | 때로는요. 근데 잘 모르겠어요. |

루스가 이쪽을 쳐다보자 나는 키티의 손을 놓는다.

| 오펜하이머 | 저 곧 친구들과 뉴멕시코의 목장에 갈 건데, 당신도 함께 갑시다. |

의미심장한 눈빛의 키티, 술잔 너머로 나를 쳐다본다.

| 오펜하이머 | 남편분도 같이요. |

| 키티 | 네, 그런 뜻인 거 알아요. 같이 가도 달라질 건 없지만요. |

EXT. 페로 칼리엔테 - 낮

키티와 나는 말을 타고 산등성이를 따라 질주한다. 난 키티를 향해 소리쳐 묻는다.

| 오펜하이머 | 왜 그와 결혼했어요? |

키티가 말을 멈춰 세우고, 나도 그 옆에 말을 세운다.

키티	내가 힘들 때 잘해줘서요.

오펜하이머	힘들 때요?

키티	전남편이 죽었거든요. 전 스물여덟 살에 미망인이 됐어요.

키티가 말에서 내리고, 뒤이어 나도 내려 선다.

오펜하이머	첫 남편은 누구였는데요?

키티	평범한 남자였어요. 두 번째 남편은 조 달레트였죠. 그는 저처럼 집안이 부유했지만 오하이오 영스타운에서 노동 운동을 했어요. 난 그를 뜨겁게 사랑했죠.

오펜하이머	얼마큼요?

키티	4년간 공장 앞에서 당 기관지를 나눠주며 콩과 팬케이크로 연명해도 행복했을 만큼요.

키티가 허리춤에서 휴대용 술병을 꺼내 들이켠다.

키티	하지만 결국 난 지쳤고 1936년에 조와 당

을 떠났어요. 그리고 부모와 유럽 여행을 다녔죠. 그리고 1년 뒤 조에게 다시 시작하자고 했어요. 기관지는 말고, 조만 되찾고 싶었죠. 그는 말했어요. "좋아, 스페인에 가는 길에 들를게."

그녀가 내게 술병을 건네고, 나도 한 모금 마신다.

오펜하이머   공화파를 위해 싸우러 갔군요?

키티   그가 떠나는 길에 우린 화해를 했죠. 파리에서 함께 근사한 일주일을 보낸 후 그는 입대했고 난 그를 기다렸어요. 어느 날 스티브 넬슨이 호텔 로비로 찾아와 말하더군요. 조가 전투 첫날 참호 밖으로 나가자마자 전사했다고요.

오펜하이머   스티브 넬슨은 누구죠?

키티   샌프란시스코의 공산당 지부장이요. 그 사람 모르세요?

오펜하이머   난 공산주의자가 아니에요.

키티   공산주의자를 많이 아시는 거 같은데.

오펜하이머	당신을 포함해서요?
키티	(고개를 저으며) 조는 이데올로기 때문에 무의미하게 죽었어요.
오펜하이머	공화정을 위해 싸운 건 무의미한 게 아니죠.
키티	파시스트들의 총알받이가 되려고 나와의 미래를 희생했으니 무의미하게 죽은 거죠.
오펜하이머	너무 일부분만 보시네.
키티	실용적인 거죠. 스티브 부부가 날 시카고의 자기들 집으로 데려가 세 번째 남편을 소개해 줬어요. 그래서 여기까지 온 거죠.

키티가 벌판을 둘러본다.

키티	여기가 어딘지 모르겠지만.

나는 그녀를 끌어안고 그녀에게 입을 맞춘다. 격렬하게.

INT. 태트록의 침실 – 낮

태트록과 나는 어린아이처럼 침대를 등지고 바닥에 앉아 있다. 태트록은 울음을 터트린다.

오펜하이머	이 얘길 딴 사람한테 듣게 하긴 싫었어.

태트록	꽃은 안 가져왔으니 그거면 됐어.

나는 주머니에 손을 집어넣는다. 그녀는 내 손에서 작은 꽃다발을 낚아채 옆으로 던져버린다.

오펜하이머	진, 알잖아. 난 네가 원하는 사람이 아냐.

태트록	이제 우린 끝난 거지?

오펜하이머	아니, 적어도 난 아냐.

태트록이 나를 쳐다본다. 무슨 생각을 하는지 알아차린다.

태트록	임신까지 했다니 빠르네.

오펜하이머	나도 새 출발 해야지.

태트록	아니, 그 여자 말이야. 확신이 있었나 보네. 남편은 어쩔 거래?

오펜하이머	다 말했어. 곧 이혼할 거야. 그러니까 배가 불러 오기 전엔 결혼할 수 있어.

태트록	간단해서 좋네. 당신은 바보야. 학계는 보수적이야. 천재라고 모든 걸 봐줄 거 같아?
오펜하이머	똑똑하면 많은 게 용서돼.
태트록	당신의 일을 이해하는 유일한 사람들과 멀어지지 마. 언젠간 그들이 필요할 거야.

INT. 버클리, 방사선연구소 – 낮

나는 칠판에 "F.A.E.C.T."라는 글자를 쓴다. 로마니츠가 전단지를 나눠주고 있다. 로렌스가 가까이에 있는 학생으로부터 "방사선연구소에 노조를!"이라고 적힌 전단지를 받아 들고 들어온다.

로렌스	로마니츠, 한 달에 얼마 받나?
로마니츠	(당황해하며) 150달러요.

로렌스가 다른 학생들을 돌아본다.

로렌스	근로 조건은 어때?
오펜하이머	그게 문제가 아냐, 로렌스.
로렌스	농장, 부두 노동자들과 자네들이 무슨 상관이 있어?

로마니츠   상관이 많···

로렌스   모두 나가, 당장! (나에게) 자넨 말고.

학생들이 모두 나간다. 로렌스가 문을 쾅 닫고 나를 돌아본다.

로렌스   뭐 하는 짓이야?

오펜하이머   노조 만들려고.

로렌스   걔들 다 공산주의자야!

오펜하이머   그래서? 난 입당 안 했어.

로렌스   이 일 때문에 난 자넬 새 프로젝트에서 배제해야 돼. 무슨 프로젝트인지도 말 못 해주고!

오펜하이머   그 빌어먹을 프로젝트가 뭔지 나도 알아, 로렌스! 아인슈타인과 실라르드 Szilárd Leó가 루스벨트 Franklin Roosevelt에게 편지로 경고했잖아. 나치가 핵폭탄을 만들 수도 있다고. 나치가 핵을 갖게 되면 끝장이야.

로렌스   누군 몰라?

오펜하이머	자네 민족은 우리 민족처럼 나치 수용소에 안 끌려가잖아!
로렌스	내가 자네의 정치관을 고발하면 자넨 집회 후 집에 갈 때마다 백미러를 확인해야 되고 전화 도청도 신경 써야 돼. 이렇게 순진하게 굴어서도 안 되고!

나는 깜짝 놀란다….

오펜하이머	정부가 왜 나한테 신경을 써?
로렌스	자넨 그 자만심만큼이나 실제로도 중요한 인물이니까.

나는 현실을 깨닫고 태세를 바꾼다.

오펜하이머	그래, 알았어. 조심해서 처신할게.
로렌스	제발 조금만 더…
오펜하이머	현실적으로 굴게. 걱정 마, 로렌스. 로마니츠와 연구원들한테도 조심시킬게. 걱정 말라고.

로렌스가 나를 바라본다. 진심이라는 걸 느낀다.

로렌스   전쟁터에 온 걸 환영해.

오펜하이머 (V.O.)   첫 보안 질의서를 작성한 후에…

INT. 원자력위원회, 2022호실 – 낮

노트를 힐끗 쳐다본다.

오펜하이머   …답변을 받았습니다. 제 좌익 단체 연루
                 이력이 원자력 프로그램 참여에 장애가 되
                 진 않을 거라고요.

파스토레 상원의원 (V.O.) 전시에 그런 경력을 왜 안보의 위협 요소로
                 생각 안 한 거죠?

Cut to:

INT. 상원위원회 청문회실 – 낮(흑백)

스트로스는 이어지는 질의에 짜증이 치솟는 걸 억누른다.

스트로스   절 만나기 전에 받은 보안 인가 건에 관해
                 선 답변드릴 수 없습니다.

파스토레 상원의원   좋습니다. 그럼 그 뒤엔요?

| 스트로스 | 전쟁 후 오펜하이머 박사는 세계에서 가장 존경받는 과학자가 됐습니다. 그래서 제가 연구소장직을 맡긴 겁니다. 또, 그래서 AEC의 자문관이 된 거고요. |

INT. 상원의원실 – 낮(흑백)

스트로스가 서성거린다.

| 스트로스 | 왜들 날 비난하는 거야? |

| 상원의원 보좌관 | 1947년과 1954년 사이에 무슨 일이 있었길래 그의 보안 인가를 취소했는지 알고 싶은 거죠. |

| 스트로스 | 내가 취소 안 했소. 당시 난 AEC의 위원장이었지만 로버트를 고발한 건 내가 아니라고. |

| 상원의원 보좌관 | 그럼요? |

| 상원의원 보좌관 | 예전에 합동 하원위원회의 스태프였던… |

INSERT CUT:

한 청년이 생각을 정리하며 파일을 뒤적거리고 있다….

"윌리엄 보든^{William Borden}입니다…" 타이핑을 시작한다.

스트로스	…극우 반공주의자 보든이 고발했지. 그가 FBI에 조치를 촉구했소.
상원의원 보좌관	FBI에요? 왜 AEC에 직접 말 않고요?
스트로스	뭐 하러 자기 손에 직접 피를 묻혀?
상원의원 보좌관	보든은 왜 오펜하이머에게 반감을 가진 걸까요?
스트로스	매카시의 시대였잖소. 빨간색의 낌새만 보여도 직장에서 쫓겨나던 시대에 오펜하이머의 보안 파일을 보게 됐거든. 그의 동생, 제수, 약혼녀, 가까운 친구, 아내 모두가 공산주의자라는 걸 알게 된 거지. 그게 다 슈발리에 사건 전의 일이었소.
상원의원 보좌관	보든이 어떻게 오펜하이머의 파일에 접근한 걸까요?
스트로스	누가 그에게 준 거지. 로버트를 침묵시키려는 누군가가.
상원의원 보좌관	누구요?

| 스트로스 | 모르지. 로버트는 워싱턴 실세 브로커들의 눈치를 별로 안 봤소. 그는 원자에 대한 견해가 확고했고 나같이 평범한 인간을 우습게 여겼어. 난 참 가혹한 일을 많이 당했지. 한번은 노르웨이에 동위원소를 수출하는 문제로 AEC에서 투표를 했는데… |

INT. 의회 청문회실 – 낮(흑백)

오펜하이머는 AEC의 변호인인 조 볼페*Joe Volpe*와 함께 증인석에 앉아 있다. 방청석에는 스트로스가 앉아 있다.

| 스트로스 (V.O.) | 그자들이 날 바보로 만들려고 로버트를 불렀더군. |

| 의원 | 하지만 오펜하이머 박사, AEC 위원 중 한 사람은 동위원소가 적국의 핵무기 생산에 이용될 수도 있다는데요? |

| 오펜하이머 | 의원님들, 핵무기를 만들 땐 삽을 쓸 수도 있습니다, 실제로요. 그리고 사실 맥주도 핵무기를 만들 때 필요하죠, 실제로요. |

사람들이 웃는다. 스트로스는 당황해 몸을 움찔거린다.

| 오펜하이머 | 동위원소는 핵무기 부품보단 훨씬 덜 중요 |

하지만 샌드위치보단 유용할 겁니다. 아마 그 둘의 중간쯤 되겠죠.

볼페는 유쾌하다는 듯이 웃으며 스트로스를 바라본다.

스트로스 (V.O.)   천재라고 해서 무조건 다 지혜로운 건 아니지. 그렇게 많은 걸 본 자가 어찌 그렇게 앞을 볼 줄 몰랐을까?

Cut to:

INT. 버클리, 오펜하이머의 집 – 밤(컬러)

집에 들어서자 불은 꺼져 있고 아기 우는 소리가 울려퍼진다.

오펜하이머   키티?

그녀는 어두운 식당에서 손에 술잔을 든 채로 서 있다.

오펜하이머   키티, 나 프로젝트에 참여하게 됐어.

그녀가 술을 한 모금 마시고는 테이블 위로 잔을 내게 밀어 준다.

키티   파티하자.

아이가 우는데, 키티는 내게 다가와 내 옷을 끌어당긴다.

오펜하이머	애한테 안 가봐?

키티	하루 온종일 처박혀서 애만 봤어.

그녀는 다가와 내 목에 키스를 하려고 하지만 나는 고개를 돌려 위를 올려다본다. 그녀는 나를 밀어내고 다시 잔을 잡는다.

EXT./INT. 슈발리에의 집 – 밤

나는 울어젖히는 아기, 피터를 안고 현관문으로 향한다. 노크. 바바라가 문을 열고 얼이 빠진 내 얼굴을 보더니 피터를 안아 든다.

INT. 슈발리에의 집, 거실 – 잠시 후

슈발리에가 내게 술잔을 건넨다. 나는 잔을 빤히 바라본다.

오펜하이머	민망해서 부탁을 못 하겠군.

슈발리에	뭐든 말해.

오펜하이머	피터 좀 봐줘.

슈발리에	알았어.

오펜하이머	아니, 당분간 쭉. 호크, 당분간 쭉 봐줘.

슈발리에	여기 온 거 키티는 알아?
오펜하이머	(웃는다) 물론 알지, 젠장! 우린 한심하고 이기적인 인간들이야. (술을 마신다) 됐어, 못 들은 걸로 해.

슈발리에가 손을 뻗어 일어나려는 나를 만류한다.

슈발리에	로버트, 자넨 이 세계 너머의 세계를 보는 사람이야. 거기엔 대가가 따르지. 걱정 말고 맡겨.

EXT. 뉴멕시코 – 저녁

키티와 나는 말을 타고 나무 사이를 질주해, 계곡이 내려다보이는 황혼 속으로 향한다. 키티는 바람이 불어오는 쪽으로 몸을 돌린다.

키티	모든 게 변하고 있어, 로버트.
오펜하이머	그래, 아이가 생기면 늘…
키티	(답답하다는 듯이) 아니, 세상이 다른 방향으로 가고 있다고. 재편되고 있어. 당신의 때가 온 거야.

오펜하이머	안 그래도 동료들을 모아서 함께…

키티	같이 할 생각 말고 당신이 주도해. 로렌스는 능력이 안 돼. 톨먼도 라비도. 당신만 할 수 있어.

INT. 버클리, 대연회장 – 낮

붐비고 호화로운 점심 뷔페. 군복을 입은 덩치 큰 남자, 그로브스Leslie Groves 대령이 다른 군인 니콜스Kenneth Nichols 옆에 앉아 있다. 나는 부시, 톨먼과 함께 로렌스의 옆으로 다가간다.

오펜하이머	저 군인들은 누구야?

덩치 큰 남자, 그로브스가 그의 상의에 소스를 흘리곤 닦아낸다.

로렌스	아는 줄 알았는데.

INT. 버클리, 강의실 – 오후

일하는 중에 그로브스와 니콜스 중령이 들어온다.

그로브스	오펜하이머 박사, 그로브스 대령입니다. 여긴 니콜스 중령이고요.

그로브스가 제복 상의를 벗어 니콜스에게 건넨다.

그로브스	이거 드라이 맡겨.

니콜스가 자리를 뜬다.

오펜하이머	중령을 그렇게 대하시면 일개 물리학자는 어떻게 대하실지 두렵네요.

그로브스	일개 물리학자가 아니시잖소.

오펜하이머	아, 그런가요?

그로브스	온 세상이 전쟁통인데 난 워싱턴을 떠날 수가 없네요.

오펜하이머	왜죠?

그로브스	내가 펜타곤을 지었는데 위에서 마음에 들었는지 맨해튼 프로젝트를 맡겼어요.

오펜하이머	그게 뭔데요?

그로브스	모르는 척 말아요. 뭔지 잘 알잖소. 온 미국 물리학자들이 다 아는데! 그래서 문제지만.

오펜하이머	우라늄 광석을 확보하는 게 제일 큰 문제

아닌가요?

그로브스   취임 첫날 1,200톤을 구입했소.

오펜하이머   처리장은요?

그로브스   테네시 오크리지에 막 착공했죠. 이제 총책 임자를 구해야 돼요.

오펜하이머   내 이름도 나왔나요?

그로브스   아뇨. 미국에 양자물리학을 도입한 사람인데 왜 빠졌는지 나도 궁금했죠.

오펜하이머   그래서 알아내신 건요?

그로브스   당신이 공산주의자로 의심받는 호사가에 바람둥이라는 거.

오펜하이머   전 뉴딜 민주당원입니다.

그로브스   '의심받는'이랬소. 불안정하고, 관심받길 좋아하고, 이기적이고, 신경질적이고…

오펜하이머   좋은 얘긴 없어요? "명석하긴 한데…"라도?

그로브스	물리학자가 명석한 건 당연한 거죠. 좋은 말을 한 사람은 리처드 톨먼뿐이오. 그는 당신이 진실하다더군요. 근데 그 사람도 과학만 알지, 사람에 대해선 잘 모르는 거 같더군.
오펜하이머	그래서 오셨군요. 그의 말을 못 믿어서.
그로브스	난 아무것도 안 믿어요. 왜 노벨상을 못 탔죠?
오펜하이머	당신은 왜 장군이 못 되셨나요?
그로브스	이 일로 곧 될 거요.
오펜하이머	제게도 그런 행운이 오겠죠..
그로브스	폭탄을 만들어서 노벨상을 탄다?
오펜하이머	알프레드 노벨Alfred Nobel은 다이너마이트를 발명했어요.
그로브스	진행 계획은 있소?
오펜하이머	이건 이론을 실용 가능한 무기로 만드는 일이에요. 나치보다 빠르게.

그로브스	시작은 그들이 12개월 앞섰죠.
오펜하이머	18개월이에요.
그로브스	무슨 근거로 그걸 확신하죠?
오펜하이머	우린 고속 중성자 연구에 6개월이 걸렸어요. 나치 측 책임자는 그 간격을 순식간에 뛰어넘을 겁니다.
그로브스	책임자가 누구일 거라고 생각해요?
오펜하이머	베르너 하이젠베르크. 원자 구조를 누구보다 직관적으로 이해하는 사람이죠.
그로브스	그의 논문을 봤소?
오펜하이머	그를 알죠. 보테, 바이츠제커를 알듯이. 똑같이 경쟁하면 독일이 이겨요. 한 가지 희망은…
그로브스	뭔가요?
오펜하이머	반유대주의요.

그로브스	뭐요?
오펜하이머	히틀러는 양자물리학을 "유대인의 과학"이라고 했어요. 아인슈타인의 면전에서. 혹, 히틀러가 증오에 눈이 멀어 하이젠베르크에게 적절한 지원을 거부했다면 우리에겐 천운이죠. 이 일은 엄청난 인력과 지원이 필요하거든요. 근데 미국의 최고 과학자들은 지금 다 흩어져 있어요.
그로브스	덕분에 '구획화compartmentalization'가 잘되고 있지.
오펜하이머	프로젝트를 다 함께 공유해야 효율적이죠. 보안보다 효율성에 집중해야 이길 수 있어요. 독일이 우리보다 많은 걸 아니까요.
그로브스	러시아는 달라요.
오펜하이머	우리 지금 누구와 전쟁 중인 거죠?
그로브스	당신 같은 전력의 소유자는 공산주의 동맹국에 대한 안보 의식에 빈틈을 보이면 안돼요.
오펜하이머	말은 맞는데 날 잘 모르시네.

그로브스	당신은 내 말에 토를 달 수 없소.
오펜하이머	당신이 틀렸을 때 틀렸다고 하는 게 내 일이에요.
그로브스	벌써 취임하신 거 같네.
오펜하이머	고려 중이에요.
그로브스	역시 얘기 듣던 대로군. 제일 재미있었던 얘긴 이거요. "오펜하이머는 햄버거 장사도 못 할 거다."
오펜하이머	그건 맞아요. 하지만 맨해튼 프로젝트는 해낼 수 있죠.

칠판을 향해 몸을 돌려 분필을 집어 든다.

오펜하이머	균형을 맞출 방법이 있어요.
	(그림을 그린다) 방사선 연구소는 이곳 버클리의 로렌스 밑에 두고 야금 연구소는 시카고의 실라르드 밑에, 대규모 정련 공장은… 어디랬죠, 테네시?
	어쨌든 미국의 모든 산업 역량과 혁신 기술력을 철도로 연결하는 겁니다. 그리고 하나

의 목표를 위해 그 모든 걸 같은 시공간에 집결시키는 거죠, 바로 이곳에.

다이어그램의 중앙에 십자표를 그린다.

그로브스   그게 어딘데요?

INSERT CUT:

철조망으로 된 울타리가 쳐진다.

오펜하이머   외딴 오지의 비밀 연구기지죠. 보안이 확실하고 장비, 주택, 설비가 다 갖춰져 자급자족이 가능한 그곳에서 프로젝트 동안 모두 함께 지내는 겁니다.

INSERT CUT:

학교가 세워진다. 이어서 교회, 상점도…

오펜하이머 (V.O.)   학교, 상점, 교회도 필요해요.

INT. 버클리발 워싱턴DC행 열차 – 낮

니콜스가 지켜보는 가운데 난 그로브스와 이야기를 나눈다.

그로브스   왜죠?

오펜하이머	가족과 함께 지내야 최선의 결과를 낼 수 있죠. 보안을 원하면 기지를 만들어요, 가급적 빠르게.
그로브스	어디에?

EXT. 로스앨러모스, 차 – 연속

휑한 경치 속으로 빠져나오자 그로브스가 눈이 부신지 눈을 가늘게 뜬다. 나는 두 팔을 넓게 벌리며 그를 환영한다.

오펜하이머	이곳 로스앨러모스엔 징발이 가능한 남학교* 하나와 인디언 매장터 말곤 반경 40마일 안 사방에 아무것도 없어요. 남동쪽 수백 마일 밖까지 사막뿐이죠. 그 안에서 최적의 장소를 얼마든지 찾을 수 있어요.
그로브스	뭘 위한 최적의 장소?
오펜하이머	'성공'.

그로브스가 지평선을 낱낱이 살펴보며 공기를 들이마시더니 니콜스에게로 몸을 돌린다.

---

* 뒤에 종종 등장하는 풀러 롯지Fuller Lodge를 가리킨다. 1928년에 지어진 풀러 롯지는 1942년 맨해튼 프로젝트 당시 매입되어 회관 역할로 쓰였다.

그로브스	기지를 지어, 빨리.
	(오펜하이머에게) 과학자들을 모으러 갑시다.

INT. 산타페발 보스턴행 열차 – 밤

파일 너머로 그로브스를 바라본다.

오펜하이머	그들에게 어디까지 말해도 되죠?
그로브스	(쳐다보지도 않으며) 원하는 만큼 말해요. 너무 오버하면 내가 거시기를 걷어차 줄 테니까.

INT. 하버드, 강연장 – 낮

그로브스와 나는 베인브리지 Kenneth Bainbridge, 도널드 Donald Hornig와 함께 앉아 이야기를 나눈다.

베인브리지	난 군인이 아냐, 오피.
오펜하이머	군인? 저 사람 장군이야.
	(엄지로 그로브스를 가리킨다) 군인들은 이미 충분해. 아니, 너무 많지. 내가 온 건 자네들이 동위원소와 폭약에 대해…
	(도널드에게) 누구보다 잘 알기 때문이야.
도널드	무슨 일을 하려는 건지 말해줄 수는 없어?

그로브스의 눈치를 보면서 슬쩍 다리를 꼰다.

오펜하이머   나치보다 먼저 원자폭탄을 개발하는 프로
                   젝트야.

베인브리지   맙소사.

INT. MIT, 복도 – 낮

그로브스와 내가 콘던 Edward Condon과 함께 걷고 있다.

콘던   내가 왜 가족과 떨어져야 해?

오펜하이머   가족을 데려갈 수 있대도.

콘던   우리가 왜 그런 오지에 가야 하지? 대체 얼
                   마 동안?

오펜하이머   1, 2년? 혹은 3년?

콘던   내가 왜 그런 제안에 응할 거라고 생각해?

그로브스가 불독처럼 으르렁댄다.

그로브스   왜요? 왜냐고? 이건 인류 역사상 가장 중요
                   한 프로젝트이기 때문이오! 알아먹겠소?

난 그런 그로브스를 바라보다가 콘던을 향해 어깨를 으쓱한다.

INT. 미시간대학교, 사무실 – 밤

그로브스와 나는 한 과학자와 책상을 사이에 두고 마주 앉아 있다.

우려하는 과학자   로버트, 알겠네, 알겠어.

그가 그로브스를 힐끗 쳐다보다가 시선을 돌린다.

오펜하이머   장군님, 우리끼리 얘기 좀 할게요.

그로브스가 나를 보더니 자리에서 일어나 나간다.

우려하는 과학자   난 그 프로젝트에 참여할 자격이 안 될 거
                         야. 보안 심사 탈락으로 종전 후 경력에 오
                         점만 남겠지.

오펜하이머   한때 공산주의에 동조한 게 무슨 흠이 돼?
                         지금은 국가 비상사태야. 나도 약점이 있지
                         만 일을 맡겼잖아. 저들은 우리가 필요해.

우려하는 과학자   지금은 그렇겠지.

INT. 프린스턴, 안뜰 – 낮

그로브스와 나는 안뜰을 급히 가로지르는 파인만Richard Feynman을 양옆에서 에워싼다.

오펜하이머	하이젠베르크, 디브너, 보테, 보어… 그들의 공통점이 뭐지?
파인만	'원자 이론의 대가'.
오펜하이머	또?
파인만	모르겠어요….
오펜하이머	나치 소속이지.
파인만	닐스 보어는 코펜하겐에 있죠.
오펜하이머	거기도 나치에게 점령됐어. 요즘 프린스턴에선 학보도 발행 안 하나?
파인만	닐스는 나치에 부역 안 할 거예요.
오펜하이머	그건 알지만 못 데려오니 문제지. 그래서 자네가 필요한 거야.

INT. 프린스턴발 산타페행 열차 – 밤

그로브스가 낮잠을 자고 있다. 나는 아랑곳 않고 이야기를 시작
한다.

오펜하이머   보어를 덴마크에서 빼 올 순 없나요?

그로브스   불가능해요. 영국 측에 확인해 봤소. 연합
              군이 대륙을 탈환할 때까진 방법이 없어요.
              그 사람이 그렇게 중요해요?

INSERT CUT:

     보어가 독이 든 사과를 들고 손짓을 하고 있다.

오펜하이머   아인슈타인의 오류를 증명한 사람 몇 명이
              나 알아요?

열차가 흔들린다. 난 초조하게 창밖을 바라본다.

오펜하이머   비행기를 타면 훨씬 빠를 텐데.

그로브스   우린 중요한 목숨이오. 미국에 꼭 필요한.

EXT. 로스앨러모스 건설현장 – 낮

군복을 입은 나는 라비와 콘던에게 눈과 진흙으로 뒤덮여 엉망인
메사를 보여준다. 건설 작업이 진행 중이다. 파인만이 다가온다.

파인만	하버드 측 말로는 입자가속기가 건물에 안 들어간대요.

오펜하이머	(콘던에게) 건축 팀과 연결해 줘.

콘던이 파인만과 함께 서둘러 자리를 뜬다. 라비가 나를 돌아본다.

라비	여기 언제 문 여는 거야?

오펜하이머	두 달 뒤.

라비	(고개를 저으며) 로버트, 자네 머리가 잘 돌아가는 건 알지만 이건 머리로 될 일이 아냐…

INT. 로스앨러모스, 공사현장 사무소 – 잠시 후

난 칠판에 그림을 그린다.

오펜하이머	네 부서로 나누자. 실험부, 이론부, 야금부, 병기부.

라비	이론부장은 누구야?

오펜하이머	나.

라비	그럴 줄 알았어. 자네 일이 너무 많아.
오펜하이머	그럼 자네가 맡아줘.
라비	난 여기 안 올 거야, 로버트.
오펜하이머	왜?

평소엔 말을 잘하던 라비가 말을 잇지 못한다….

라비	폭탄은 선한 자와 악한 자 모두에게 떨어져. 300년 물리학의 결과물이 대량살상무기가 돼서야 쓰겠나?
오펜하이머	이지, 우리가 그 무기를 다룰 자격이 있는진 나도 모르지만 그게 나치 손에 들어가면 안 된다는 건 알아. 딴 선택지가 없다고.
라비	그럼 자네가 두 번째로 할 일은 한스 베테Hans Bethe를 이론부장에 앉히는 거야.
오펜하이머	잠깐만, 첫 번째는 뭔데?
라비	그 우스꽝스러운 군복을 벗는 거. 자넨 과학자야.

| 오펜하이머 | 그로브스 장군이 우리도 입대하래. |

| 라비 | 개수작하지 말라고 해. 저들에게 필요한 건 과학자야. 자네 모습을 지켜. 성질만 좀… 죽이고. |

INT. 로스앨러모스, 오펜하이머의 사무실 – 낮

난 자켓을 입는다. 새로 바싹 깎은 짙은 회갈색 머리카락을 손으로 훑는다. 중절모*를 쓰고 파이프를 집어 든다….

EXT. 로스앨러모스 건설현장 – 잠시 후

보안관마냥 현장 한복판을 걸어가며 지나치는 건설 노동자들에게 고개를 끄덕인다. J. 로버트 오펜하이머의 상징적인 모습.

INT. 버클리, 방사선연구소 – 낮

난 학생들의 분주한 모습을 내려다본다. 로마니츠가 고개를 들어 손을 흔드는데 인부들이 창문에 흰 도료를 칠해 그 모습이 가려진다. 서버가 내게 열쇠를 건넨다.

| 서버 | 열쇠는 이것뿐이에요. 텔러는 이미 와 있고요. 안으로 안내할까요? |

---

* 원어인 Pork Pie Hat는 높이가 낮고 챙이 모두 말려 올라간 돼지고기 파이 같은 형태의 중절모를 가리킨다.

| 오펜하이머 | 다들 올 때까지 기다리자고. |

문이 거칠게 열린다. 구부정하고 살짝 육중한 청년이 발을 끌며 안으로 들어선다. 그의 이름은 에드워드 텔러Edward Teller.

| 텔러 | 시작하지. |

| 오펜하이머 | 반갑네, 에드워드. |

INT. 같은 곳 - 낮

나는 다리 한 짝을 접어 엉덩이 밑에 깐 채 맨 앞 자리에 앉아 있다. 로렌스, 서버, 텔러, 베테, 콘던, 톨먼, 파인만, 도널드, 베인브리지, 네더마이어Seth Niedermeyer, 앨버레즈 등 과학자들이 모여 있다.

| 오펜하이머 | 이론부의 공사가 끝날 때까지 우린 여기서 일할 거야. |

텔러가 한 뭉치의 종이를 손에 들고 흔든다.

| 오펜하이머 | 에드워드, 내 설명부터 다 듣고… |

| 텔러 | 이게 더 중요해. |

텔러가 건넨 종이 뭉치가 방 안을 한 바퀴 돌자 과학자들의 안색이 창백해진다….

텔러	연쇄반응을 계산해 봤더니 골치 아픈 가능성이 도출됐어.

한스 베테가 내게 종이 뭉치를 건네고 텔러를 돌아본다.

베테	이럴 리가 없는데. 어떻게 계산했는지 보여줘.

텔러	그러지.

나는 바라보던 종이에서 고개를 든다. 절망적이다. 텔러는 자신이 일으킨 소동을 만족스러운 표정으로 바라본다. 베테가 다가온다.

베테	오피, 말도 안 돼. 텔러의 계산이 맞을 리 없어.

오펜하이머	직접 계산해 봐. 난 프린스턴에 다녀올게.

베테	왜?

오펜하이머	아인슈타인을 만나야겠어.

베테	둘이 견해가 많이 다르잖아.

오펜하이머	그러니까 그의 견해를 들어봐야지.

EXT. 뉴저지, 프린스턴, 숲 – 낮

나는 나무들 사이를 걸어 두 남자에게 다가간다. 그들이 날 본다. 한 명은 아인슈타인이다.

아인슈타인   오펜하이머 박사. 괴델Kurt Gödel 박사 알죠? 우린 매일 이 길을 걸어요.

괴델   나무는 가장 큰 영감을 주는 존재죠.

오펜하이머   알버트, 얘기 좀 하시죠.

아인슈타인은 내 심각한 표정을 보고 고개를 끄덕인다. 우린 헐벗은 나무들을 올려다보는 괴델을 두고 자리를 뜬다.

아인슈타인   가끔 쿠르트는 식사를 거부해요. 이 프린스턴 내에서조차. 나치가 자기 음식에 독을 탈 수도 있다고.

EXT. 고등연구소, 호수 – 잠시 후

아인슈타인과 나는 숲에서 나온다. 나는 가슴의 주머니에서 종이 뭉치를 꺼내고 아인슈타인이 그걸 받아 든다.

아인슈타인   이건 누가 계산한 거요?

오펜하이머   텔러요.

아인슈타인	이게 뭘 뜻한다고 생각해요?

오펜하이머	중성자가 핵과 충돌하면 중성자가 방출돼 다른 핵과 충돌하고…

INSERT CUT:

점점 더 격렬하게 요동치는 화면. 서로를 향해 발사되는 빛의 입자들로 어둠이 갈라진다.

오펜하이머	그럼 임계점을 넘어 엄청난 폭발력이 생기죠. 근데 이번엔 그 연쇄반응이 멈추지 않고…

아인슈타인이 메모를 검토하며… 고개를 끄덕인다.

아인슈타인	대기까지 다 연소시키겠지.

INSERT CUT:

우리 주변의 공기가 불타오른다. 어두운 우주 속에서 외롭게 빛나고 있던 지구가 갑자기 불길에 휩싸인다.

오펜하이머	우리가 핵무기를 터뜨리면 끝없는 연쇄반응으로 세상이 파멸할 수도 있어요.

아인슈타인	말인즉슨, 확률의 양자 세계 속에서 길을

잃었으니 확실한 게 필요하다?

오펜하이머   직접 계산해 주실 수 있을까요?

아인슈타인   수학을 못하는 게 우리 둘의 유일한 공통
점이잖소. 버클리에서 이 일을 담당하는
게 누구죠?

오펜하이머   한스 베테요.

아인슈타인   그가 답을 알아내겠죠.

오펜하이머   그 답이 파국이라면요?

아인슈타인   그럼 멈춰야죠. 발견한 사실을 나치와도
공유해야 하고요. 어느 쪽도 세상을 파멸
못 시키도록.

난 발길을 돌린다.

아인슈타인   로버트?
(종이 뭉치를 건네며) 이건 내가 아니라 당신
이 할 일이오.

INT. 버클리, 복도 – 낮

비서들을 지나쳐 가자 흥분한 베테가 보인다.

베테   텔러가 틀렸어.

난 조용히 하라는 손짓을 하면서 방사선연구소의 잠긴 문을 연다.

INT. 버클리, 방사선연구소 – 연속

베테가 캐비닛으로 달려가더니 몇 장의 서류를 꺼내 내게 건넨다. 난 씩 웃으며 그것들을 살펴본다.

베테   텔러의 주요 가정들을 좁혀 들어가면 진짜
                           그림이 나타나거든.

오펜하이머   결론이 뭐야?

베테   핵반응의 통제 불능 가능성은 0에 가까워.

오펜하이머   0에 가깝다?

베테   오피, 이건 좋은 소식이야.

오펜하이머   다시 계산해 보겠나?

베테   어차피 답은 같아. 실제 폭파 전까지 얼을

수 있는 최선의 답은
(서류를 툭툭 치며) '0에 가깝다'야.

오펜하이머   이론이 할 수 있는 건 여기까지군.

INT. 버클리, 오펜하이머의 집 – 밤

키티가 입술에 손가락을 가져다 댄 채로 슈발리에에게 문을 열어준다. 나는 잠든 피터를 안고 있다.

바바라   (속삭이며) 귀여운 녀석. 너무 보고 싶더라.

키티   입양할래요?

오펜하이머   농담하는 거예요.

키티가 고개를 젓는다. '농담 아니야.' 바바라가 피터를 안아 든다. 나는 슈발리에를 부엌으로 데려간다….

오펜하이머   떠나기 전에 보고 가려고.

슈발리에   어디로 가는진 비밀이고?

INT. 버클리, 오펜하이머의 집, 부엌 – 연속

뭔가 생각에 잠긴 슈발리에, 내가 마티니를 만드는 것을 보고 있다.

슈발리에	내가 며칠 전에 누굴 만났는지 알아? 엘텐튼이야.
오펜하이머	셸의 화학자? 그 노조원?
슈발리에	응, 우리의 전쟁 방식에 불만이 많더군.
오펜하이머	왜?
슈발리에	동맹국들과의 협력이 부족하대. 정부가 러시아 측과 연구 결과를 공유 안 하나 봐. 많은 과학자들이 정부 정책을 못마땅해한다는군.

내 손이 느려진다….

오펜하이머	아, 그래?
슈발리에	응. 혹시 비공식적인 채널로 러시아 측에 전달할 사항이 있다면 자기가 도와주겠대….

난 침통한 얼굴로 슈발리에를 바라본다.

오펜하이머	그건 반역 행위야.

슈발리에   그건 그렇지만 얘긴 해줘야 할 거 같아서.

우리는 서로를 바라본다…. 키티가 불쑥 들어온다.

키티   말썽꾸러기 뻗었어. 마티니 어딨어?

그녀가 잠시 우리를 바라본다….

오펜하이머 (V.O.)   대화는 거기서 끝났죠.

난 쟁반을 집어 든다.

INT. 원자력위원회, 2022호실 – 낮

오펜하이머   긴 세월 친구였던 슈발리에가 절 통해서
정보를 빼내려 한다는 의심은 하지 않았
습니다. 그는 제가 무슨 일을 하는지 몰랐
던 게 확실하고요.

나는 롭을 슬쩍 흘겨보고는 다시 위원들을 정면으로 바라본다.

오펜하이머   그 즉시 보고를 안 한 건 오랫동안 후회
했죠.

맥기 상원의원 (V.O.)   오펜하이머 사태는 과학자와 안보 기관 사

이의 갈등을 잘 보여줍니다….

Cut to:

INT. 상원위원회 청문회실 – 낮(흑백)

스트로스는 상원의원들을 마주 본 채 증인석에 앉아 있다.

맥기 상원의원   후보자가 AEC 재임 당시 이 문제를 어떻 게 다뤘는지 알아보기 위해 곧 과학자 한 분을 출석시킬 예정입니다.

스트로스   (조용히) 누굴 불렀대요?

법률 고문   (조용히) 아직 못 들었어요.

스트로스   위원장님, 전 상무장관 후보자로 나온 겁 니다. 왜 과학자의 의견이 필요한 건지…

위원장   내각 인사엔 각계의 다양한 의견이 필요 하죠.

스트로스   증언할 과학자의 이름을 알려주시죠. 저희 도 반대 신문을 하고자 합니다.

위원장   (짜증을 내며) 여긴 법정이 아닙니다.

INT. 상원의원실 – 잠시 후(흑백)

상원의원 보좌관이 스트로스와 법률 고문을 안내한다.

법률 고문   당신은 재판을 받는 게 아니에요.

스트로스   네, 다들 그러더군요.

법률 고문   당신이 피고 측 변호인처럼 굴면 본 위원회
                        는 검사처럼 대응할 겁니다.

스트로스   (상원의원 보좌관에게) 다 형식일 뿐이라며?

상원의원 보좌관   1925년 이후 청문회를 통과 못 한 각료 후
                        보는 없습니다. 이건 그냥 통과의례예요.

법률 고문   임명은 확실해요, 루이스. 그러니까 좀 여
                        유 있게 굴어요. 과학자가 출석하면 어때
                        서요?

스트로스가 비틀린 미소를 지으며 옛 기억을 떠올린다.

INSERT CUT:

　　스트로스가 아인슈타인과 오펜하이머에게 다가가지만
　　아인슈타인은 스트로스를 본 척도 하지 않고 지나친다.

| 스트로스 | 당신은 과학자들을 몰라. 그들은 학계 외부의 인물이 자기들 판단에 토를 다는 걸 못 참아요. |

INSERT CUT:

동위원소 청문회에 모인 사람들이 웃고 있는 모습을 스트로스가 응시한다.

| 스트로스 | 더구나 난 당시 AEC의 위원장이었으니 로버트의 일로 욕받이가 되기 딱 좋지. |

| 상원의원 보좌관 | 과학계와 사이가 나쁜 것처럼 비쳐선 안 됩니다. |

| 스트로스 | 전략을 바꾸면? |

| 상원의원 보좌관 | 어떻게요? |

| 스트로스 | 인정하는 거지. "내가 오펜하이머와 싸운 덕에 미국이 이겼다." |

| 상원의원 보좌관 | 거기까지 갈 필요는 없죠. 그때 일을 아는 사람 누구 없나요? |

| 스트로스 | 텔러. |

상원의원 보좌관	괜찮겠네요.
스트로스	어떤 과학자가 출석할지 알아볼 수 있겠소?
상원의원 보좌관	아마도요.
스트로스	(법률 고문에게) AEC에 전화해서 누군지 알아봐요. 그가 전쟁 때 있었던 곳이 시카고였는지 로스앨러모스였는지도.
상원의원 보좌관	그게 왜 중요하죠?
스트로스	시카고에 있었다면 로버트가 세운 로스앨러모스 기지에서 일한 게 아니라 실라르드와 페르미^{Enrico Fermi} 밑에서 일했을 테니까. 로버트는 그 광신 집단의 설립자 겸 시장 겸 보안관이었지….

Cut to:

INT./EXT. 로스앨러모스를 달리는 자동차 안 – 낮(컬러)

난 키티와 피터를 '기지'로 데려간다…. 키티는 새로 짓고 있는 건물의 목재 골조를 응시한다.

키티	서부시대에 온 거 같네.

INT. 로스앨러모스, 오펜하이머의 집 – 낮

키티가 집을 살펴보는 동안 나는 긴장한 채 피터를 안고 복도에서 있다…. 그녀가 고개를 돌리며 말한다.

키티   로버트, 부엌이 없어.

오펜하이머   그래? 만들어 줄게. 걱정 마.

EXT. 로스앨러모스, 이론부 – 낮

난 보안 게이트를 지나 베테에게로 걸어간다.

베테   철조망에, 총에… 오피….

오펜하이머   우린 전쟁 중이야, 한스.

INT. 로스앨러모스, 이론부, 강당 – 낮

나는 서버와 합류하기 위해 앞으로 나선다. 자료를 배포한다. 콘던, 네더마이어, 키스티아콥스키^{George Kistiakowsky}, 도널드, 톨먼, 베인브리지, 파인만 등 과학자들이 자리하고 있다.

오펜하이머   1917년, 핼리팩스의 항구에서 군수품을 실은 화물선이 폭발했지….

INSERT CUT:

나무와 콘크리트 조각들이 날아다닌다….

오펜하이머	이는 돌발적이고 거대한 화학 반응의 결과였고…

INSERT CUT:

충격파가 요동치는 물결 위로 퍼져 나간다.

오펜하이머	…인재로 빚어진 역사상 최대의 폭발 사건이었어. 그게 화학 반응이 아닌 핵무기였다면 파괴력이 얼마나 더 컸을지 계산해 보자고. 힘을 톤 단위의 TNT로 표시할게.

베테	그럼 숫자가 커질 텐데.

오펜하이머	그럼 킬로톤으로 표시하지.

조명을 키며 서버에게 맡기고 물러난다.

서버	우라늄 동위원소 235를 이용하면 '폭탄'은…

내가 손을 내젓자,

서버	…죄송합니다, '장치gadget'는 33파운드의 구체가 필요합니다. 이 정도 크기겠네요….

서버가 테이블 아래로 손을 뻗어 어항을 집어 든다.

서버   플루토늄을 쓰면 10파운드의 구체가 필요
              하고요.

그가 어항 옆에 커다란 브랜디잔을 놓는다.

서버   이건 지난달 내내 오크리지에서 제련한 우
              라늄의 양입니다.

서버가 구슬 세 개를 어항에 떨어뜨린다. 과학자들은 거의 텅
비어 있는 금붕어 어항을 바라본다.

서버   핸퍼드 공장에선 이만큼의 플루토늄을 만
              들었죠….

그가 브랜디잔 안에 구슬 두 개를 떨어뜨린다.

서버   이 양을 늘릴 수 있다면… 그걸 촉발할 방
              법이 필요합니다.

텔러는 뒤에서 종이비행기를 접고 있다.

오펜하이머   지루한가, 에드워드?

텔러	응.

오펜하이머	이유를 물어봐도 될까?

텔러	핵분열 폭탄이 가능한 건 우리 모두 아니까 좀 새로운 얘길 해보자고.

오펜하이머	예를 들면?

텔러	'슈퍼' 핵폭탄. 우라늄이나 플루토늄 대신 수소를 쓰는 거야.

반론의 목소리들이 웅성거린다.

텔러	(조용히 시키며) 무거운 수소, 즉, 중수소 말이야. 큰 압력으로 원자를 압축, 핵융합 반응을 유도하는 거야. 그때의 단위는 킬로 톤이 아닌 메가톤이 되지.

주위가 시끄럽자 나는 빠르게 이야기를 진행시킨다.

오펜하이머	잠깐만. 수소 원자를 융합시킬 만큼의 에너 지는 뭐로 얻지?

텔러가 득의양양한 미소를 짓는다.

| 텔러 | 소형 핵분열 폭탄. |

여기저기서 탄식 소리.

| 오펜하이머 | 그건 어차피 필요할 테니까… 우선은 당면 문제로 다시 돌아갈까? |

텔러가 어깨를 으쓱한다.

INT. 상원위원회 청문회실 – 낮(흑백)

| 바틀렛 상원의원 | 스트로스 씨, 오펜하이머 박사와 가장 큰 정책 갈등을 빚은 건 동위원소 문제가 아니라 수소폭탄 문제였죠? |

| 스트로스 | 수소폭탄 프로그램의 필요성에 대해서 이견이 있긴 했죠. |

| 바틀렛 상원의원 | 그런데 어떻게 통과된 겁니까? |

사이렌 소리가 들리던 때를 떠올리는 스트로스…. 그리고 우리는…

Cut to:

EXT. 뉴욕 거리 – 밤(흑백)

스트로스, 경찰차의 호위를 받으며 차를 타고 달린다.

INT. 뉴욕, 호텔 – 밤(흑백)

스트로스와 그의 조수가 복도를 따라 문으로 달려간다.

INT. 호텔 회의실 – 밤(흑백)

스트로스가 들어온다. AEC 위원들로 둘러싸인 테이블. 오펜하이머는 구부정한 자세로 앉아 파이프 담배를 피우고 있다. 회의의 주관자는 부시다. 스트로스가 외투를 벗는다. 안엔 턱시도를 입었다.

스트로스   새로운 정보라도 있나요?

부시   우리 B-29가 북태평양 상공에서 방사선을 감지했습니다.

라비가 컴퍼스를 사용해 지도에 구역을 표시한다.

스트로스   여과지에 검출됐대요?

오펜하이머   의심의 여지가 없어요.

스트로스   백악관은 반신반의하던데.

오펜하이머가 마지못해 스트로스에게 그것들을 넘겨준다.

부시   안 믿고 싶은 거죠.

오펜하이머	핵실험을 한 게 분명해요.
스트로스	소련이 핵을 갖고 있다? 우리가 그들보다 몇 년 앞서야 하는 건데⋯ 로스앨러모스에 선 뭘 한 거요? 보안이 취약했나?
오펜하이머	아뇨, 보안은 문제 없었어요, 루이스.
니콜스 (O.S.)	죄송합니다만, 박사님.

스트로스는 테이블 중앙에 놓인 꽃 주위로 몸을 기울여 누가 말하는지 확인한다. 이제는 민간인이 된 니콜스다.

니콜스 (O.S.)	저도 거기 있었습니다.

Cut to:
EXT. 로스앨러모스, 이론부 – 낮(컬러)

콘던, 니콜스, 나는 자동차가 멈추는 것을 본다. 그로브스가 내린다.

오펜하이머	돌아온 걸 환영해요.
그로브스	진전 있소?

INSERT CUT:

금붕어 어항 안으로 떨어지는 구슬들.

오펜하이머   나도 만나서 반가워요.

그로브스   이쪽은 영국 파견단이오.

과학자들이 나타난다. 날씬한 젊은 남자가 손을 내민다.

푹스   오펜하이머 박사님, 클라우스 푹스입니다.

오펜하이머   언제 영국으로 귀화하셨어요?

푹스   히틀러에게 내 독일 국적을 부정당한 뒤
                    에요.

INT. 로스앨러모스, 이론부, 강당 – 낮

베테, 텔러, 콘던, 키스티아콥스키, 도널드, 베인브리지, 푹스,
파인만 그리고 다른 과학자들이 듣고 있다.

서버   이건 일명 '슈팅' 기법입니다. 임계점에 도
                    달할 힘으로 핵분열성 물질 덩어리를 더 큰
                    구체에 쏘는 거죠.

INSERT CUT:

우라늄 '탄환'이 구체를 향해 발사된다.

톨먼   난 내파식을 생각해 봤어. 구체 주변의 폭
                       발물들이 안으로 터지며 핵분열을 유도하
                       는 거야.

INSERT CUT:

구형으로 배열된 폭발물들이 안쪽을 향해 터진다.

네더마이어   그건 제가 실험해 보죠.

오펜하이머   병기부에 말해둘 테니 마음껏 터뜨려 봐….

EXT. 로스앨러모스, '중심가' – 낮

콘던, 니콜스와 내가 그로브스에게 완성돼 가는 마을을 보여준다.

오펜하이머   학교는 정상 운영 중이에요. 요즘 보조 인
                       력을 줄일 방안을…

난 내 사무실이 있는 오두막의 문을 연다.

INT. 바깥쪽 사무실 – 연속

그로브스가 책상 뒤편에서 일하고 있는 젊은 여성을 주목한다.

INT. 로스앨러모스, 오펜하이머의 사무실 – 연속

나는 의자에 몸을 털썩 누인다. 그로브스는 당황한 기색이다.

그로브스   저 여잔 누구죠?

오펜하이머   서버 부인이에요. 부인들에게 일자리를 줬
                     거든요. 행정직, 사서직, 계산직… 직원은
                     줄이고 가족은 함께하고, 일거양득이죠.

그로브스   능력은 있는 여자들이오?

오펜하이머   걱정 말아요. 이 공동체에서 가장 똑똑한
                     사람들이에요.

콘던   신원 확인도 다 거쳤고요.

니콜스   밤마다 부서 간 공개 토론이 열린다고 보고
                     드렸어요.

그로브스   그거 관두시오. 구획화는 보안 유지에 필
                     수요.

콘던   간부급만 참석해요.

니콜스   간부급도 부하들과는 소통하겠죠.

오펜하이머	알아서들 보안을 지킬 거요.

그로브스	찝찝한데.

오펜하이머	모든 게 그렇게 찝찝하면 이 프로젝트 제대로 못 해요.

그로브스가 어깨를 으쓱하고는 떠나기 위해 자리에서 일어난다. 니콜스가 눈을 이리저리 굴린다.

그로브스	일주일에 한 번, 간부급만 참석하는 걸로 하시오.

오펜하이머	내 동생을 데려오고 싶은데.

그로브스	안 되오.

그로브스와 콘던이 떠난다. 나는 니콜스를 몰아세운다.

오펜하이머	내 보안 인가가 아직 안 났던데.

니콜스	압니다.

오펜하이머	내일 시카고에 가야 돼요.

니콜스	기다리세요.
오펜하이머	나치의 연구가 2년 앞선 건 알죠?
니콜스	오펜하이머 박사님, 당신의 보안 인가가 안 나오는 건 제 탓이 아니고 박사님 탓이에요.
오펜하이머	누구 탓이든 당신이 알아서 해결해요. 난 갈 거니까.

Cut to:

INT. 호텔 회의실 – 밤(흑백)

스트로스가 테이블 중앙으로 손을 뻗어 그와 니콜스 사이에 있는 꽃의 위치를 옮긴다.

스트로스	그 공개 토론에 몇 사람이나 참여했죠?
니콜스	엄청 많이 모였죠. 구획화 규정을 어기고요.
오펜하이머	당시엔 나치와 경쟁 중이었어요.
스트로스	이젠 소련과 경쟁 중이죠.
오펜하이머	우리만 도발 안 하면…

스트로스가 여과지를 손에 든다.

스트로스   로버트, 소련이 먼저 신호탄을 쏜 거요. 그
                 들이 폭파한 게 뭐죠?

오펜하이머   데이터로 봤을 땐 플루토늄 내파 장비 같습
                 니다.

스트로스   당신이 로스앨러모스에서 만든 것과 같은?

오펜하이머는 마지못해 고개를 끄덕인다.

스트로스   소련이 핵을 가졌으니 트루먼은 그 뒤의 일
                 을 알아야 해요.

부시가 끄덕인다. 오펜하이머는 믿을 수 없다는 표정이다.

오펜하이머   뒤의 일? 그야 당연히 무기 회담이죠.

스트로스   (부시에게) '슈퍼'는? 트루먼이 알고는 있소?

부시   자세히는 모르죠.

오펜하이머   수소폭탄은 실현 가능성도 미지수예요.

스트로스	텔러가 로스앨러모스에서 처음 제안한 거죠?
오펜하이머	텔러의 설계는 실용성이 많이 부족해요. 그 걸 운반하려면 비행기가 아닌 소달구지가 필요할걸요?
스트로스	그걸로 우리가 앞설 수 있다면 트루먼이 당 연히 알아야죠. 러시아가 로스앨러모스의 첩자를 통해 이미 정보를 입수했다면 이럴 시간이 없다고요.
오펜하이머	로스앨러모스에 첩자가 있었다는 증거는 없어요.

스트로스가 여과지를 든 채 눈을 치켜뜬다….

Cut to:
EXT. 시카고, 미식축구 경기장, 낮(컬러)

콘던과 나는 J. 어니스트 윌킨스Jesse Ernest Wilkins를 따라 운동장을 가 로지른다.

콘던	미식축구 경기장 밑에 됐다고?
윌킨스	이젠 경기장을 안 쓰거든요.

오펜하이머	다행이네.

INT. 시카고, 경기장 아래, 원자로 - 낮

윌킨스가 우리를 실라르드와 페르미에게로 안내한다. 안경을 쓴 과학자가 메모를 하고 있다. 한 무리가 원자로에 접근한다.

페르미	기지를 건설했다죠?

오펜하이머	와서 보세요.

실라르드	그런 데서 어떻게 머리가 제대로 돌아가겠소? 다들 안 미치면 다행이지.

오펜하이머	용기를 줘서 고맙네요, 실라르드.

나는 안경잡이가 메모를 휘갈겨 쓰는 걸 보고 그의 펜을 움켜쥔다. 그가 표정을 찡그린다.

오펜하이머	정말 그거까지 기록해야겠어요?
	(페르미에게) 시연은 언제 해보실래요?

페르미	이미 했어요. 최초의 자가발전형 핵 연쇄반응 실험. 그로브스가 말하지 않던가요?

EXT. 로스앨러모스, 이론부 – 낮

콘던과 내가 게이트를 지나자마자…

호니그   오펜하이머 박사님! 인사과에 지원했더
                                니…

우리는 차단기 반대편에 있는 스물세 살 먹은 젊은 여자를 쳐다
본다. 릴리 호니그Lilli Hornig다.

호니그   타자를 칠 줄 아냐고 묻네요.

오펜하이머   칠 줄 알아요?

호니그   하버드 대학원에서 화학 공부할 때 그건 미
                                처 안 가르쳐 주더라고요.

나는 웃으며 콘던을 쳐다본다.

오펜하이머   호니그 부인을 플루토늄 팀에 넣어.

INT. 로스앨러모스, 사이클로트론 건물 – 연속

콘던과 나는 장비를 올려다본다. 그로브스가 쿵쾅거리며 들이
닥친다.

그로브스   시카고엔 대체 왜 간 거요?!

콘던	야금 연구소에…
그로브스	거긴 왜?

콘던이 나를 쳐다본다. 나는 아무 말도 하지 않는다. 그는 그로브를 돌아보고…

콘던	그런 식으로 말하면 안 되죠. 우린 거길 방문할 권리가…
그로브스	당신들은 오직 내가 허용한 권리만 행사할 수 있소!
콘던	이봐요, 우린 성인이고 프로젝트를 진행 중이오. (나에게) 말 좀 해, 로버트.

나는 물끄러미 그로브스를 쳐다본다.

오펜하이머	구획화는 우리가 동의한 방침이야.
콘던	어이가 없군. 난 더 이상 이 정신병원 같은 데서 일 못 해. (그로브스에게) 잘나신 그로브스 장군 나리, 난 관두겠소.

(오펜하이머에게) 도움이 안 돼줘서 고맙네.

콘던이 뛰쳐나가고, 그로브스가 내게 말한다.

그로브스 저 작자는 없는 게 나아요.

오펜하이머 기밀을 누설할까 봐 걱정은 안 돼요?

그로브스 누설하면 죽여야지.
(오펜하이머의 안색을 살피며) 농담이었소.
난 미워도 조국은 사랑할 테지.

오펜하이머 모든 사람을 나처럼 휘두를 순 없어요.

그로브스 무슨 소리요?

오펜하이머 내 좌익 과거에도 '불구하고' 날 고용한 게
아니라 되레 그 과거 때문에 고용한 거잖아
요. 마음대로 날 조종하려고.

그로브스 나 그렇게 치밀하지 못해요. 난 그저 평범
한 군인이오.

오펜하이머 '그저 평범한' 군인은 아니죠. MIT 출신의
공학도잖아요.

그로브스	이런, 들켰군.

오펜하이머	이제 서로 알 만큼 아니까 보안 인가 좀 내 줘요. 내가 당신을 위해 이 기적을 행할 수 있게.

그로브스 장군이 나를 응시한다. 고개를 끄덕인다.

개리슨 (V.O.)	그로브스 장군, 임명 당시 오펜하이머 박사의 좌익 경력을 알고 있었나요?

INT. 원자력위원회, 2022호실 – 낮

민간인 차림을 한 그로브스가 증언하고, 나는 이를 지켜본다….

그로브스	그에게 뭔가 미심쩍은 점이 있다는 건 알고 있었죠. 극단적인 진보 성향을 갖고 있다는 것도 알고 있었고요.

개리슨	그가 반국가적인 행동을 할 수 있다고 생각했나요?

그로브스	그건 상상도 한 적 없습니다.

개리슨	그럼 그의 진실성을 100프로 믿었군요?

그로브스	로스앨러모스에선요. 거기서 그를 잘 알게 됐거든요.
롭	장군님, 오펜하이머 박사에게 보안 인가를 내주는 걸 당시 보안 담당 장교들이 반대했나요?
그로브스	정확히 말하면 그들은 내줄 권한도 의사도 없었는데 제가 우겨서 내준 거죠.
롭	오펜하이머 박사의 파일 내용을 잘 알고 계셨겠군요.
그로브스	네.
롭	장군님, 그럼 오늘 한 가지 답만 해주시면 되겠네요.

어떤 질문이 나올지 알아차린 그로브스가 자세를 고친다.

| 롭 | 보안 문제에 대한 귀하의 경험과 그 파일 내용을 근거로 판단할 때… |

EXT. 로스앨러모스, 이론부 – 낮

나는 자동차에서 내리는 로렌스와 로마니츠를 맞이한다.

롭 (V.O.)	…지금이라면 그에게 보안 인가를 내주시 겠습니까?
로렌스	물리학과 뉴멕시코가 만났군. 맙소사, 근데 너무 긴 여행이었어.
오펜하이머	그래서 연락책이 필요하지.
로렌스	로마니츠를 붙여줄게.

나는 로마니츠의 어깨를 두드린다.

| 오펜하이머 | 너무 걱정하지 마. |

INT. 로스앨러모스, 이론부, 강당 – 얼마 후

사람들이 모여들고, 그로브스 장군이 로렌스에게 말한다.

그로브스	버클리에서 한 말 안 잊었겠죠, 박사?
로렌스	구획화 방침? 잘 알고 있어요.

오펜하이머가 4분의 1 정도 찬 금붕어 어항에 구슬 세 개를 떨어뜨리고, 다시 두 개를 더 떨어뜨린다. 회의실은 박수 소리로 가득 찬다. 오펜하이머가 고개를 숙이고 뒤로 물러난다. 로렌스가 일어난다.

로렌스	버클리를 대표해서 저희 진행 상황을 보고하고 의견을 듣고자 왔습니다. 그러려면 장군께서 함구하라고 하신 얘기들을 말해야겠네요.
	(그로브스에게) 죄송해요, 장군님. 안다고 했지, 동의한다곤 안 했어요. 자, 그럼 본론으로 들어가죠···.

그로브스가 나를 쳐다본다. 으쓱. 그가 떠난다.

Cut to:

INT. 호텔 회의실 - 밤(흑백)

스트로스가 여과지를 테이블 위에 다시 내려놓는다···.

스트로스	로스앨러모스에 첩자가 있다는···
오펜하이머	근거 없는 얘깁니다.
스트로스	공산주의자들이 프로젝트에 참여했다는 얘길 들었어요. '슈퍼' 토론 때 그들 중 누군가가 참석했나요?
오펜하이머	일부러 공산주의자들을 고용한 적은 없습니다.

니콜스	동생을 로스앨러모스로 부르겠다고 했었죠?
오펜하이머	걘 당시 이미 탈당했었어요.
스트로스	로마니츠는?
오펜하이머	그는 기지에서 근무한 적이 없습니다. 연락책이었어요. 니콜스 전 대령도 잘 알겠지만 보안은 철저했습니다.
니콜스	위험인물들이 개입된 만큼 보안이 철저할 수밖에 없었죠. 하지만 불미스러운 시도는 있었어요. 박사님, 우린 당신의 파일을 이미 다 읽었습니다. 굳이 진 태트록 얘기까지 해야 됩니까? 슈발리에 건도?

스트로스가 니콜스를 쏘아보는 오펜하이머를 빤히 쳐다본다.

Cut to:
INT. 로스앨러모스, 오펜하이머의 사무실 – 낮(컬러)

비서	(인터콤) 1번 전화, 로마니츠입니다.

난 수화기를 집어 든다.

| 오펜하이머 | 로마니츠? 그래? 알았어, 일단 진정해. |

INT. 니콜스 대령의 사무실 – 잠시 후

난 니콜스의 책상 앞에 선다.

| 오펜하이머 | 또 문제가 생겼소. 로마니츠가 징집됐대요. |

| 니콜스 | 우린 전쟁 중이에요, 박사님. |

| 오펜하이머 | 억지 쓰지 마요, 니콜스. 우린 그가 필요해요. 해결해 줄 거죠? |

| 니콜스 | 착오가 아니에요. 당신의 친구 로마니츠가 방사선 노조를 만들려고 했어요. |

| 오펜하이머 | 관둔다고 약속했어요. |

| 니콜스 | 근데 관두지 않았죠. 버클리 측 보안장교는 공산주의자가 그 노조에도 침투했을 거랍니다. FA… |

| 오펜하이머 | (골똘히 생각하며) F.A.E.C.T. 마침 다음 주에 거기 가는데 봐서 그를 한번 만나보죠. |

니콜스가 책상 위로 손을 뻗어 내게 보안 인가증을 건넨다.

니콜스	에너지 보안 인가가 나왔어요. 문제 있는 지인들과의 관계는 정리하셔야 합니다.
롭 (V.O.)	박사, 군 기밀 작전 종사자와 공산주의자들의 교류가 위험하다는 생각은 해보셨나요?

INT. 원자력위원회, 2022호실 – 낮

증언을 하는 내 뒤편에는 키티가 앉아 있다.

오펜하이머	지금이라면 그 위험성을 더 잘 알았겠죠.
롭	그런 접촉의 잠재적 위험성은…

EXT. 샌프란시스코, 호텔 – 낮

택시가 멈추고, 나는 가방을 들고 내린다.

롭 (V.O.)	…전시에도 당연히 느끼고 계셨을 텐데요?

나는 뒤따라오는 차량을 눈치채지 못하고 호텔로 들어선다. 뒤차의 탑승자가 급히 내리고 운전자는 시간을 확인해 메모를 한다.

INT. 샌프란시스코, 호텔 로비 – 연속

오펜하이머 (V.O.)	위험할 수 있다곤 생각했죠.

나는 엘리베이터에 탄다. 아까 그 탑승자가 지켜보고 있다.

INT. 샌프란시스코, 호텔, 복도 – 연속

805호실 문 앞에서 나는 가방에 손을 뻗어…

롭 (V.O.)   그래요? 상대가 공공연한 공산주의자라
                             면요?

…작은 꽃다발을 꺼내며 노크한다.

오펜하이머 (V.O.)   전 오랫동안 많은 비밀을 혼자 안고 살아왔
                             습니다. 누굴 만나도 그런 비밀은…

문이 열리고, 진 태트록이 나타난다.

INT. 원자력위원회, 2022호실 – 낮

오펜하이머   …입 밖에 안 냅니다.

INT. 샌프란시스코, 호텔, 805호실 – 연속

태트록이 꽃다발을 잡아챈다. 그녀를 따라 안으로 들어가자 그
녀는 그걸 쓰레기통에 처넣는다.

INT. 원자력위원회, 2022호실 – 낮

롭이 갖고 있던 서류를 들여다본다. 키티는 지켜본다….

롭	진술서엔 1943년에 진 태트록을 "꼭 만나야 했다"라고 쓰셨던데…

INT. 샌프란시스코, 호텔, 805호실 – 밤

태트록과 나는 벌거벗은 채로 방에 마주 앉아 있다.

태트록	그렇게 떠나다니. 말 한마디 없이. 내 심정이 어떨지 생각해 봤어?

오펜하이머	편지 보냈잖아.

태트록	형식적인 말뿐이던데? 어디로 간 거야?

오펜하이머	그건 말 못 해.

태트록	왜?

오펜하이머	넌 공산주의자니까.

롭 (V.O.)	왜 그녀를 꼭 만나야 했죠?

INT. 원자력위원회, 2022호실 – 낮

나는 자리에 앉아, 시선을 의식하며 답한다.

오펜하이머	제가 떠나기 전에 꼭 보고 싶다고 했었는데

그땐 못 만났기 때문에 한 번은 봐야겠다 싶었죠.

키티가 나의 답변을 지켜본다. 나는 벌거벗은 채다….

오펜하이머 　　　　　당시 그녀는 정신과 치료를 받고 있었고 우 울증이 무척 심했습니다.

롭 　　　　　왜 만나자고 했다던가요?

오펜하이머 　　　　　절 여전히 사랑해서요.

나와 마찬가지로 알몸인 태트록이 내 어깨에 머리를 얹고 키티가 있는 쪽으로 얼굴을 향하고 있다. 키티는 이 모습을 지켜본다.

롭 　　　　　그녀와 함께 밤을 보냈죠?

내 위에 올라탄 채 몸을 문지르는 태트록의 눈이 키티와 마주치고…

오펜하이머 　　　　　네.

INT. 샌프란시스코, 호텔, 805호실 – 밤

방 안에서 태트록이 나를 유심히 살펴보고 있다.

태트록 　　　　　늘 멋대로 왔다가 멋대로 가네. 설명 한마디 없이. 그런 게 바로 권력이지.

오펜하이머   나도 힘들어. 원하는 만큼 네 옆에 있어주고 싶다고.

태트록   근데 이젠 내가 1순위가 아니지.

오펜하이머   아내와 아이가 있으니까.

태트록   그 얘기가 아닌 거 알잖아.

오펜하이머   진, 네가 오라고 한 거고 나도 와서 좋아. 하지만 앞으론 못 와.

태트록   내가 당신이 필요하다면?

나는 천천히 고개를 젓는다.

태트록   잠깐도 못 봐?

INT. 원자력위원회, 2022호실 – 낮

시선이 내게로 쏠린다. 나는 다시 옷을 입은 채 혼자 남는다….

롭   보안을 위해 그래야 한다고 생각한 건가요?

뒤에 있는 키티의 표정은 굳어 있다….

오펜하이머   그렇습니다. 한마디도 말 안 했어요.

롭   그 뒤엔 언제 만났죠?

INSERT CUT:

온수 욕조. 알약 병. 물속에 가라앉은 머리.
이어지는 발 구르는 소리….

눈을 질끈 감고 이미지들을 떨쳐낸다.

오펜하이머   다신 만나지 않았습니다.

INT. 같은 곳 – 낮

자리가 파하고, 키티는 짐을 챙기며 이를 악물고 내게 속삭인다.
눈은 마주치지 않는다.

키티   프린스턴행 마지막 열차는 탈 수 있어.

오펜하이머   다 당신한테 얘기한 내용이야, 키티.

키티   오늘 한 그 말이 다 역사에 기록될 거야.

오펜하이머   이건 비공개 청문회야.

키티	그들이 녹취록을 공개 안 하면 당신이 하겠지!

그녀가 가방을 떨어뜨리고 내용물이 쏟아진다. 개리슨이 작은 휴대용 술병을 발견하고, 키티는 그것을 지갑에 쑤셔 넣는다. 나는 쭈그려 앉는다.

오펜하이머	난 선서했어.

키티	나한테도 맹세해 놓고선 진을 만나러 갔잖아.

그녀가 일어선다. 나는 뒤따른다. 그녀는 내게서 등을 돌린다.

키티	당신은 매일 이 자리에 나와 앉아서 저들이 우릴 난도질하게 방관하고 있어. 왜 안 싸우는 거야?

나는 대답하지 않는다. 그녀가 떠나고, 개리슨이 다가온다.

개리슨	로버트, 부인은 참고인 신청 안 할게요.

EXT. 버클리 캠퍼스 – 낮

나는 교정을 가로질러 행정관으로 들어간다.

INT. 존슨 중위의 사무실 - 잠시 후

노크한다. 존슨이 문을 열더니 깜짝 놀란다.

존슨   오펜하이머 박사님, 영광입니다. 앉으세요.

오펜하이머   괜찮습니다, 온 김에 염려하시는 문제에 관
                            해 로마니츠와 얘길 좀 나누려고요.

존슨   그건 좋은데, 교수님, 신중하셔야 할 겁
                            니다.

오펜하이머   알겠습니다. 참, 노조 문제로 주의드릴 일
                            이 있어요. 엘텐튼이라는 남자에 관해.

존슨   주의 주실 일이요?

오펜하이머   그를 눈여겨보셔야 할 겁니다.

존슨   자세히 말해보시죠.

오펜하이머   지금은 약속도 있고 아침 일찍 출발해야 해
                            서…

존슨   그럼 최대한 빨리 다시 오세요. 지금은 바
                            쁘시다니까.

그로브스 (V.O.)   그래서 다음 날 아침에 다시 갔죠?

INT. 산타페발 시카고행 열차 – 낮

그로브스가 마주 앉아 있다. 나는 창밖을 응시한다.

오펜하이머   네, 가야만 했어요.

INT. 존슨 중위의 사무실 – 아침

존슨이 웃으면서 내게 들어오라고 손짓한다. 한 남자를 가리킨다.

오펜하이머 (V.O.)   이번엔 누가 한 명 더 있더군요.

INT. 산타페발 시카고행 열차 – 낮

나는 계속해서 창밖을 응시한다. 그로브스는 마주 앉은 채다.

오펜하이머   이름이 패시Boris Pash라고 했어요.

그로브스   패시? 패시 대령을 만났다고요?

INT. 원자력위원회, 2022호실 – 낮

소파에 혼자 앉아 있는 나는 제복을 입은 남자가 지나가자 긴장한 채 고개를 들어 쳐다본다. 그가 자리에 앉자 그의 뒷통수를 유심히 살펴본다.

롭   패시 대령, 1943년 6월 29일의 메모를 읽어

주시겠습니까?

패시	"해당자를 감시한 결과 공산당과의 연계 의혹이 드러났음. 해당자는 공산주의자인 진 태트록과 상당한 시간을 보냈음. 그녀에 관한 기록 첨부."
롭	'해당자'가 오펜하이머 박사입니까?
패시	네.
롭	그땐 만난 적이 없죠?
패시	네, 그 직후에 만났죠.

INT. 산타페발 시카고행 열차 – 낮

오펜하이머	보안 책임자면 내가 알아야 하지 않나요?
그로브스	아니, 그가 당신을 알아야지. 당신은 패시를 만나선 안 돼요.
오펜하이머	왜요?
그로브스	로마니츠 얘길 듣자마자 패시는 FBI에게

이렇게 말했소. "놈을 납치해서 배에 태워 러시아식으로 취조하겠다."

INT. 존슨 중위의 사무실 – 낮

패시가 존슨의 반대편, 내 옆에 앉는다.

패시   오펜하이머 박사님, 반갑습니다. 장군께 몇
                가지 지시를 받긴 했지만 마치 원격으로 아
                이를 돌보는 느낌이었는데 이렇게 뵙게 됐
                네요…. 시간은 많이 뺏지 않겠습니다….

사람을 방심하게 만드는 친절함만큼 위험한 것도 없다.

오펜하이머   시간은 얼마가 걸려도 괜찮습니다.

패시   어제 존슨과 나누신 대화가 제 관심을 끌
                더군요. 우려가 많이 됐어요.

오펜하이머   허가 없이 로마니츠와 얘길 나눌 생각은 없
                었어요.

패시   제가 신경 쓰이는 건 그게 아닙니다. 그보
                단 뭔가 좀 더 심각한 일이죠…

INT. 산타페발 시카고행 열차 - 낮

그로브스   FBI가, 그렇게 취득한 정보는 채택될 수 없
다고 하자 패시는 기소할 증인이 남지 않게
다 죽여버리겠다고 했소. FBI가 말리긴 했
지만, 어쨌든 패시는 그런 인간이에요.

INT. 존슨 중위의 사무실 - 낮

패시   방사선연구소에 관심을 가진 딴 조직이 있
다는 얘기 들으셨죠?

오펜하이머   소련 영사관과 관련 있는 한 남자가 프로젝
트 멤버들에게 자신이 정보를 전해줄 수 있
다고 중개인을 통해 말했다더군요.

패시   프로젝트 멤버들이 왜 그런 거래를 하겠
어요?

오펜하이머   솔직히, 국가 원수가 러시아 측에 정보를
제공하는 건 고려해 볼 만한 문제죠. 어쨌
든 동맹국이니까. 하지만 뒤로 제공하는 건
저도 반대예요. 그건 경계하는 게 좋겠죠.

INT. 산타페발 시카고행 열차 - 낮

그로브스   패시에게 그렇게 말했나요?

오펜하이머   러시아와 독일은 다르다는 맥락으로 얘길
                  했죠.

그로브스   보리스 패시는 러시아정교회 주교의 아들
                  이오. 여기서 태어났지만 1918년에 볼셰비
                  키와 싸우려고 러시아로 돌아갔죠. 자기
                  손으로 공산주의자들을 죽인 자라고요.

INT. 존슨 중위의 사무실 - 낮

패시가 손바닥을 펼친다….

패시   누가 정보를 공유하든 그건 제가 관여할 바
                  아니지만 그 방식이 불법적이면 제가 막아
                  야 합니다. 더 구체적으로 말해주실래요?

오펜하이머   엘텐튼이라는 사람의 이름을 몇 번 들은 적
                  이 있습니다. 셸에서 일하는 화학자일 거예
                  요. 그와 교류하는 친구 중 한 명이 프로젝
                  트 멤버와 아는 사이였죠. 거기까지만 말할
                  게요. 자칫하면 무고한 사람들의 이름까지
                  언급하게 될 테니까.

INT. 산타페발 시카고행 열차 – 낮

그로브스는 바지에 똥 싼 인간을 보는 표정으로 나를 본다.

그로브스 패시가 그 정도로 만족할 거 같았소?

오펜하이머 엘텐튼의 정보만 넘기고 조용히 마무리하
려고 대충 헛소릴 꾸며냈어요.

INT. 원자력위원회, 2022호실 – 낮

내가 앞에 나서자 롭이 질문을 던진다.

롭 장군에게도 거짓말을 했나요?

오펜하이머 아뇨, 패시에게 거짓말을 했다고 털어놨습
니다.

INT. 같은 곳 – 낮

민간인 차림의 그로브스가 증인석에 앉아 있다.

개리슨 슈발리에 사건의 대화 내용 기억하세요?

그로브스 너무 여러 버전을 봐서, 전엔 안 그랬는데
이젠 헷갈리네요.

개리슨 당시의 결론은요?

그로브스	"그가 전형적인 미국 학생 같은 마인드를 갖고 있구나" 하고 생각했죠. 친구를 고자질하는 건 나쁜 거라는 마인드 말입니다. 그는 엘텐튼을 고발하기 위해 나름대로 최선의 행동을 한 겁니다.

INT. 같은 곳 – 낮

패시가 증언한다.

패시	당시 전 이런 메모를 썼습니다. "오펜하이머 박사는 우리가 버클리에서 자길 조사했다는 걸 알고 애국자처럼 보이고자 정보를 제공한 것임. 보안 문제에 관한 한 요주의 인물임."

INT. 존슨 중위의 사무실 – 낮

패시는 눈도 깜빡하지 않은 채 내 눈을 응시한다.

패시	당신이 언급한 다른 사람들도 엘텐튼과 직접 접촉했나요?
오펜하이머	아뇨.
패시	그럼 누굴 통해 접촉이 이뤄진 걸까요?

오펜하이머	그걸 말하면 언급돼선 안 될 사람을 언급해야 돼요.
패시	프로젝트의 멤버였나요?
오펜하이머	교수 중 하나였어요. 프로젝트 멤버는 아니고.
패시	엘텐튼이 이곳 버클리의 교수를 통해 접근을 해왔군요?
오펜하이머	내가 아는 한은 그래요. 하지만 한 명 이상의 사람이 개입됐었을 수도 있죠. 내가 비협조적으로 보여도 좀 이해해 줘요. 무고한 자들을 곤경에 빠뜨리기 싫어서 그런 거니까.

패시가 나를 응시한다. 결국 나는 입을 다문다.

패시	제가 집요하다고 생각하죠?
오펜하이머	네, 집요하네요. 그게 당신의 일이니까요. 내 일은 내 밑에서 일하는 사람들을 지키는 거고요.

패시	전 어떤 행동을 취해서 당신을 불안하게 하거나 겁주긴 싫습니다. 그보단 먼저 대화를 하고 싶어요. 어떤 계획을 세우기보단 일단 모든 상황을 완전히 알고 싶다고요.

나는 패시에게 고개를 끄덕이고 자리에서 일어난다.

INT. 산타페발 시카고행 열차 - 낮
그로브스는 이야기를 듣고 있다.

그로브스	친구를 지켜주겠다? 그럼 당신은 누가 지켜주죠?

오펜하이머	당신이 지켜주면 되죠.

그로브스	이름을 대면 지켜주겠소.

오펜하이머	대라고 명령하면 댈게요.

그로브스	당신은 실수하고 있는 거요, 로버트. 그 실수로 인해 힘들어질 거요. 자발적으로 이름을 대야 해요.

나는 고개를 돌려 스쳐 지나가는 풍경을 바라본다.

롭 (V.O.)   그래서 결국 이름을 말했나요?

INT. 원자력위원회, 2022호실 – 낮

그로브스   네.

롭   당시에 말한 건 아니죠?

그로브스   네.

롭   그로부터 몇 달이 지난 뒤에 말했죠.

그로브스가 고개를 끄덕인다.

INT. 같은 곳 – 낮

나는 보리스 패시의 뒤통수를 뚫어져라 쳐다본다.

롭   오펜하이머 박사와 면담을 한 후 그가 슈발리에라는 이름을 말하기까지의 몇 달간, 중개인의 존재를 알아내려고 시간과 자원을 썼나요?

패시   네, 많은 시간과 자원을 썼죠. 이름을 모르면 조사가 힘드니까요.

롭	언제 이름을 들었죠?
패시	오펜하이머가 그 이름을 밝혔을 때 전 없었습니다.
롭	없었다?
패시	나치 핵 개발 상황 파악 차 유럽으로 파견됐거든요.
롭	누가 보냈죠?
패시	그로브스 장군이요. 그가 절 런던으로 보냈습니다.

여기서 나는 고개를 든다.

INSERT CUT:

그릇 안에 떨어지는 유리구슬들…. 4분의 3이 차 있다….

EXT. 로스앨러모스 – 밤

서버와 나는 길을 걸어 내려간다. 눈이 내린다.

서버	크리스마스 파티 하기엔 좀 이른데?

오펜하이머	문제가 생겼어. 톨먼이 떠났어.

서버	어디로?

오펜하이머	루스가 말을 안 해.

우리는 풀러 롯지로 향한다.

INT. 로스앨러모스, 풀러 롯지 – 얼마 후

방탕한 크리스마스 파티. 산타 모자를 쓴 키티가 에그노그^{eggnog*}를 서빙하고/집어 던지고 있다. 베테, 텔러, 샬럿 서버, 네더마이어, 키스티아콥스키, 도널드, 호니그, 베인브리지, 푹스, 파인만 등이 파티를 즐기고 있다. 키티는 나를 본 척도 않은 채 가까이 있는 남자의 팔을 붙들고 에그노그를 권하고 있다. 난 그녀를 힐끗 쳐다보고는 루스에게 다가간다.

루스	구획화 몰라, 오피? 그가 간 곳을 내가 어떻게 알아?

나는 그녀의 잔을 낚아채 한 모금 마신다….

오펜하이머	중요한 순간엔 늘 톨먼의 소재를 파악하고

* 우유, 크림, 설탕, 달걀, 분말 계피 등으로 맛을 낸 음료. 전통적으로 미국, 캐나다 등지에서 크리스마스에 마신다.

있잖아요.

루스   지금처럼?

돌아본다. 톨먼과 그로브스가 눈을 털어내며 들어온다.

그로브스   모두~ 주~목! 이른 크리스마스 선물을 준
                    비했습니다….

그들이 한 발짝 물러서자… 닐스 보어가 있다. 나는 웃는다.

보어 (V.O.)   영국 공군이 날 폭탄 투하실에 태우고선…

INT. 같은 곳 – 얼마 후

보어가 청중을 휘어잡고 있다. 나는 구석에서 이야기를 듣는다.

보어   …산소마스크를 쓰라고 했는데 난 그 말을
                    흘려들었어요. 그래서 스코틀랜드에 도착
                    할 땐 기절해 있었지만 군인들 보기 민망해
                    서 그냥 낮잠을 잔 척했죠.

사람들이 웃고 즐거워한다. 보어는 자리에서 일어나 내게 다가
와 말을 건넨다.

보어   그 폭탄, 충분히 큰가?

오펜하이머	전쟁을 끝낼 만큼요?

보어	모든 전쟁을 끝낼 만큼.

INT. 이론부, 강당 – 얼마 후

나는 보어가 칠판을 읽어 내려가는 것을 보면서 술을 한 모금 들이켠다. 톨먼, 텔러, 베테와 서버가 뻗어서 널부러져 있다. 파티 모자, 반짝이는 스카프 들….

보어	하이젠베르크가 코펜하겐에서 날 찾아왔어. 이 나의 옛 제자는 나치를 위해 일하고 있었지. 그는 날 설득하려고 몇 가지 얘길 했어. 우라늄의 지속적인 핵분열 얘기도 했지.

톨먼	그건 폭탄이 아닌 원자로 얘기잖나.

텔러	기체 확산 얘기도 했나요?

보어	그는 중수에 더 집중하는 것 같았어.

텔러	감속재로요?

보어	응, 흑연 대신.

서버와 톨먼이 씩 웃는다. 나는 고개를 끄덕인다. 보어는 우리가 안심하는 기색을 알아차린다…

보어　　　　　　　　왜?

오펜하이머　　　　그가 오판을 했네요. 우리가 앞서고 있어요. 앞으로 박사님이 도와주시면…

보어가 텔러와 다른 사람들에게로 몸을 돌린다.

보어　　　　　　　　미안하지만 다들 자리 좀 비켜주겠나?

사람들이 나가고 보어가 구슬들을 바라본다. 내게로 몸을 돌린다.

보어　　　　　　　　난 도움을 주러 여기 온 게 아냐, 로버트.
　　　　　　　　　　　자넨 나 없이도 할 수 있어.

오펜하이머　　　　그럼 왜 오셨죠?

보어　　　　　　　　'그 뒤'의 얘길 하려고. 미래엔 그 무기가 나
　　　　　　　　　　　치보다 더 큰 위협이 될 거야. 세상은 그에
　　　　　　　　　　　대한 준비가 안 돼 있어.

오펜하이머　　　　'준비 없이 돌을 들췄다간 뱀을 만나는 수
　　　　　　　　　　　있다.'

보어	정치인들에게 이해시켜야 해. 이 새로운 무기가 세상을 바꿀 거라는 걸. 나도 내 할 일을 하겠지만 자넨… (나를 가리킨다) 이제 미국의 프로메테우스가 된 거야. 원자폭탄의 아버지. 인류에게 스스로를 파괴할 힘을 준 자. 세상은 자넬 떠받들겠지. 자네의 일은 이제부터 시작이야.

나는 이 사실을 받아들인다. 샬럿 서버가 들어온다.

샬럿	죄송한데 오피, 전화가 왔어요. 샌프란시스코에서요.

나는 시계를 보고 놀란 표정을 짓는다…. 보어를 쳐다보자 그는 '가보라'며 고개를 끄덕인다.

EXT. 로스앨러모스, 눈 덮인 숲 – 새벽

말을 탄 키티가 묶여 있는 내 말을 발견한다. 그녀는 말에서 내려 나무들 사이로 들어온다. 눈 속에서 정신이 나간 채로 나무 밑에 웅크리고 앉은 나를 발견한다.

키티	로버트?

그녀는 웅크려 앉아 내 어깨를 감싸 쥔다. 나는 부끄러운 듯 고개를 든다.

오펜하이머	그녀의 아버지가 전화를 했어…. 어제 욕실 안에서… 발견됐대.

INSERT CUT:

한 여자가 쿠션을 깔고 앉아 욕조에 얼굴을 처박고 있다….

키티	누가?

오펜하이머	약을 먹었대. 유서를 남겼는데… 서명은 없었대… 평소에 늘 신경안정제를 복용했는데…

INSERT CUT:

태트록이 욕조 앞에서 무릎을 꿇고 앉아 있고, 알약이 굴러 다닌다. 그녀가 물속으로 고요하게 가라앉는다.

오펜하이머	혈액에서 수면제가 검출됐대.

INSERT CUT:

장갑 낀 손이 물속에서 발버둥 치는 태트록의 머리를 억누른다.

나는 이미지를 떨쳐낸다.

오펜하이머	유서는 있었대.

키티   진 태트록?

INSERT CUT:

오펜하이머가 벌거벗은 채로 태트록에게 고개를 절레절레 흔든다.

오펜하이머   우리 한동안 만났었어. 내가 필요하다고
                          했는데… 내가 이제 그만 만나자고 했어.
                          내가 죽인 거야.

*키티가 내 뺨을 때린다. 나는 눈시울이 붉어진 채 그녀를 올려다
본다.*

키티   그런 죄를 저질러 놓고 이런 일이 생기니까
                          모두에게 동정이라도 받고 싶어?
                          (일어선다) 정신 똑바로 차려. 당신은 이곳
                          의 책임자야.

INT. 로스앨러모스, 이론부, 강당 – 낮

금붕어 어항은 구슬로 가득 차 있다. 유리 텀블러도 마찬가지
다. 도널드, 베인브리지, 파인만은 다른 사람들이 언쟁하는 모
습을 지켜본다.

호니그   서버, 난 방사능이 겁나서 사표를 쓰진 않
                          을 거예요!

서버	여성의 생식기가 방사능에 노출되면 위험할 수도 있어요. 도널드, 말 좀 해.
도널드	혼자 잘해봐.
호니그	(서버에게) 당신 생식기가 내 거보단 더 노출되겠죠.
키스티아콥스키	내파 장치는 언제 완성돼?
네드마이어	매사에 재촉 좀 하지 마, 오피.
키스티아콥스키	뭔가 진전이 있어야 재촉을 안 하지, 안 그래?
베테	텔러가 문제야. 내파 렌즈 계산을 부탁한 지 몇 주째인데….
텔러	그건 영국 애들이 잘해. 그렇지, 푹스?
푹스	엄청 잘하지.
베테	그건 네 일이야, 텔러!
텔러	난 내 연구로 바빠.

베테	만들지도 않는 수소폭탄 연구?

텔러가 휙 걸어 나간다. 그는 나를 지나치면서…

텔러	나 저 작자랑 일 못 해.

베테	가라고 해. 너무 기고만장하잖아.

서버	맞아, 잰 로스앨러모스를 떠나야 해.

한숨이 나온다. 어디 보자, 명확하고 직접적으로…

오펜하이머	키스티, 자네가 네더마이어의 일을 맡고 세스는 플루토늄을 맡아. 릴리는 키스티를 좀 도와줘요. (호니그의 표정을 살피며) 당신의 도움이 필요해요. (푹스에게) 푹스는 텔러 대신 내파 장치 개발에만 주력해.

나는 문으로 향하며,

오펜하이머	아무도 로스앨러모스를 떠나지 않을 거야.

EXT. 로스앨러모스, 이론부 − 낮

텔러가 게이트를 서성인다. 내가 다가간다. 우리는 총잡이마냥 '거리'에서 대치하고 선다.

텔러   이 친구들이 날 못 나가게 해.

오펜하이머   내가 지시한 거야. 한스도 핵분열도 다 잊고, 여기서 하고 싶은 연구 실컷 해. 핵융합, 수소폭탄… 그리고 나랑 가끔 만나서 그에 관해…

텔러   날 만날 시간은 있고? 자넨 이제 정치인이야, 로버트. 물리학하고는 오래전에 작별했잖아.

오펜하이머   일주일에 한 번, 1시간씩 단둘이 만나자고.

텔러가 생각에 잠긴다. 고개를 끄덕이고는 경비원을 돌아본다.

텔러   이제 이놈의 차단기 좀 올려요.

롭 (O.S.)   그래서 당신의 감독하에 '슈퍼'의 개발이 진행됐고…

INT. 원자력위원회, 2022호실 - 낮

롭   …근데도 종전 후 당신은 그 실행 가능성을
                    부인했죠.

오펜하이머   아뇨, 기술적인 어려움을 지적한 거죠.

롭   러시아의 원폭 실험이 있은 후 AEC 회의에
                    서 수소폭탄 생산을 저지하려고 했잖아요.

오펜하이머   아닙니다.

롭   그에 따라 AEC가 권고안을 채택했고요.

오펜하이머   긴 토론 끝에…

INT. 호텔 회의실 - 낮(컬러)

나, 부시, (민간인이 된) 니콜스, 라비, 페르미, 스트로스, 그 밖의
다른 사람들.

오펜하이머 (V.O.)   …합의된 결론입니다.

부시   트루먼이 뭔가 손을 써야 돼.

라비가 들고 있던 컴퍼스를 넓게 벌린다.

라비	수소폭탄은 그 위력이 원자폭탄의 1,000 배나 돼요.

그가 모스크바 주변에 원을 그린다….

라비	대도시만 타깃으로 삼을 수 있어요.

상트페테르부르크 주변에도 원을 그린다….

라비	대량살상무기라고요.

스트로스	지도 이쪽에도 동그라미를 좀 쳐줄래요?

그가 미국을 가리킨다.

스트로스	여기서부터… (그 주위로 손짓을 하며) 뉴욕까지.

그들의 얘길 듣고 있는 내 귀에 발을 구르는 소리가 들려 온다.

페르미	그건 방어 기능이 없는 공격 무기예요.

스트로스	억제력은 있죠.

부시	현재 보유 중인 원폭 이상의 억제력이 필요

한가요?

발 구르는 소리가 점점 더 커지면서 내 긴장감은 고조된다.

부시   수심 10피트에서 익사하나 1만 피트에서
                   익사하나 뭐가 달라요? 우린 지금도 러시
                   아를 익사시킬 수 있어요.

INSERT CUT:

수십 개의 발이 구르는 소리. 점점 빠르게, 더 빠르게.

스트로스   그건 피차 마찬가지죠.

INSERT CUT:

발소리가 너무 빨라지면서 리듬이 깨지고 불협화음이 일어난다.

스트로스   여러분, 좀 더 기술적인 얘길 나누면 안 될
                   까요? 로버트?

나는 눈을 질끈 감고 이미지를 떨쳐버린다. 소리가 멈춘다.

오펜하이머   텔러의 설계는 전쟁 당시와 마찬가지로 여
                   전히 비실용적이에요.

로렌스	수소폭탄도 잘 개발하면 사용 가능해, 오피. 자네도 알잖아.
오펜하이머	그 불확실성에 모든 자원을 투자할 순 없어.
스트로스	그럼 트루먼이 국민을 안심시킬 방법은 뭐죠?
오펜하이머	국제적 규제를 통해서 핵무기의 확산을 제한하는 거죠.
스트로스	세계 정부를 만들자?
오펜하이머	루스벨트가 구상한 UN 기구 같은 거요.
스트로스	난 트루먼이 뭘 해야 하는질 물었어요. 세상은 변했고 이젠 공산주의가 우리의 생존을 위협하고 있소.
오펜하이머	루이스, 우리가 수소폭탄을 만들면 소련도 만들 수밖에 없을 겁니다.
스트로스	이미 만들고 있을 수도 있죠. 로스앨러모스의 첩자들을 통해 얻은 정보로.

오펜하이머	로스앨러모스에 첩자는 없었어요!
부시	여러분, 주제를 벗어나지 맙시다.
오펜하이머	내 말은 수소폭탄을 안 만들겠다는 약속을 통해 러시아 측도 한발 물러서게 하자는 겁니다.
스트로스	그럼 수소폭탄의 실체만 노출돼요.
오펜하이머	이미 노출됐다고 믿고 계시잖아요.
부시	추후에 위원들이 비공개로 다시 모여서 권고안의 내용을 확정하는 걸로 합시다.

스트로스가 고개를 끄덕이고는 일어선다. 방에 있던 대다수가 그 뒤를 따라 자리를 뜬다.

스트로스	후회하지 않으실지 모르겠군, 로버트.
오펜하이머	루이스, 우린 자문 위원으로서 정부에 조언을 해줄 뿐이에요.

스트로스, 어깨를 으쓱한다. 그때 로렌스와 니콜스가 자리를 뜨고 보든이 다가온다.

보든	오펜하이머 박사님? 전 원자력 합동위원회의 윌리엄 보든입니다.
오펜하이머	아, 네.
보든	전쟁 때 전 조종사였죠. 어느 날 밤, 작전 후 귀환 중에 유성 같은 게 날아가는 놀라운 광경을 봤어요.

INSERT CUT:

보든이 탄 전투기가 밤하늘을 빠르게 날아간다.

보든 (V.O.)	그건 영국으로 향하는 V-2 로켓이었죠.

INSERT CUT:

어둠을 가르며 날아가는 로켓.

보든 (V.O.)	만약 그 로켓에 핵탄두가 장착되면 어떤 일이 생길지, 전 두렵습니다.

INSERT CUT:

미사일이 구름을 뚫고 날아오른다….

발소리가 쿵쿵 내 귓전을 울린다….

INSERT CUT:

십여 개의 발이 걸어간다. 점점 빠르게, 더 빠르게…

난 미래를 보고 있다.

INSERT CUT:

수백 개의 미사일이 구름을 뚫고 날아오른다….

난 지도를 본다. 라비가 쳐놓은 동그라미들이 웅덩이 속의 빗방울처럼 번진다.

오펜하이머   우리가 그 주역이 되진 않도록 노력해야죠.

하지만 그건 보든이 원했던 답이 아니다. 보든은 떠나고 페르미와 부시가 남아 있다. 라비가 나에게 몸을 기울이며 말한다.

라비   오피, 스트로스에게 맞서지 마.

오펜하이머   자네가 옆에서 힘을 실어주면 내 말을 들을 거야.

라비   사람들에게 자넨 선지자고 스트로스는 자신들과 똑같은 평범한 인간이야.

오펜하이머	그럼 이 선지자의 말을 듣겠군.
라비	선지자는 예언이 틀리면 끝장이야.
맥기 상원의원 (V.O.)	오펜하이머가 '슈퍼' 개발에 훼방을 놨다고 하지 않았나요?

Cut to:

INT. 상원위원회 청문회실 – 낮 (흑백)

스트로스, 긴장된 표정으로 자세를 고쳐 앉는다.

스트로스	전 예나 지금이나 '훼방 놓는다'라는 식의 표현은 잘 안 씁니다.
맥기 상원의원	보든 씨는요?
스트로스	썼을 수도 있죠
맥기 상원의원	보든 씨가 어떻게 그런 상세한 기소장을 쓸 수 있었죠? 그땐 민간인이었음에도 오펜하이머 박사의 파일을 자유롭게 열람한 거 같은데요. 니콜스 씨가 그럴 권한을 준 걸까요? 아니면 AEC의 다른 위원이?
스트로스	감정이 격해지신 건 알겠지만 그건 너무 과

한 의심이군요, 의원님.

Cut to:

EXT. 로스앨러모스 – 낮(컬러)

비가 온다. 난 말을 타고 교외를 달린다. 전신주에 전단지가 붙어 있는 것을 발견한다. 이렇게 쓰여 있다. "장치가 문명에 미치는 영향에 관한 토론회, T31 건물, 일요일, 오전 11시."

INT. 로스앨러모스, 사이클로트론 건물 – 낮

나는 거의 40명이나 되는 과학자들이 모여 있는 방으로 들어간다. 호니그가 발언하고 있다.

호니그   독일은 곧 항복할 거고 일본은 지고 있어요. 이젠 적이 아닌 우리의 무기가 인류에게 가장 큰 위협이 됐습니다.

그들이 나를 발견하고 고개를 돌린다.

오펜하이머   히틀러는 죽었어요. 하지만 일본은 저항 중입니다.

청중들이 이제 내 쪽으로 돌아 앉는다.

호니그   그들도 패색이 짙죠.

오펜하이머	그들과 싸울 병사들의 생각도 그럴까요? 우린 이 전쟁을 끝낼 수 있습니다.
모리슨	핵무기를 인간에게 쓰는 게 옳은 일일까요?
오펜하이머	우린 이론가예요. 늘 미래를 상상하죠. 상상은 우릴 두렵게 합니다. 하지만 알기 전엔 두렵지 않고 써보기 전까진 알 수 없어요. 세상이 로스앨러모스의 무서운 비밀을 알게 되면 인류가 경험 못 한 평화가 찾아올 겁니다. 루스벨트가 늘 구상했던 국제 협력에 기반한 평화 말이죠.

과학자들 중 몇 명이 고개를 끄덕인다. 흩어지는 박수 소리….

INSERT CUT:

금붕어 어항이 구슬로 가득 차 있다….

EXT. 로스앨러모스 – 낮

나는 그로브스와 함께 중심가를 따라 걷는다.

오펜하이머	진전이요?
그로브스	2년간 10억 달러를 썼잖소.

오펜하이머	돈으로 따질 일은 아니죠.
그로브스	하지만 지출이 너무 커요. (손가락질을 하며) 이곳의 별명이 '시골 무료 분만소'요. 첫 해에 80명의 아기가 태어났어요. 올해엔 매월 10명씩 태어났고.
오펜하이머	산아제한은 내 관할이 아니에요, 장군.

그로브스, 만삭의 키티가 걸어오는 걸 바라본다.

그로브스	그러시겠지.

EXT. 로스앨러모스캐니언 – 낮

폭파 소리가 협곡을 뒤흔든다. 그로브스, 푹스와 난 순간 고개를 쳐든다. 키스티아콥스키와 호니그가 폭파 장치를 향해 달려간다.

키스티아콥스키	성공이야.

나는 파이프를 벙커 안에 놓고 벙커에서 나온다.

그로브스	폭탄 두 개를 실험한다? 날짜는?
오펜하이머	9월.

그로브스   7월.

키스티아콥스키가 식별 테이프를 흔들며 말한다.

키스티아콥스키   이게 최적점이야!

오펜하이머   8월.

그로브스   7월.

오펜하이머   실험을 7월에 하려면…

푹스가 내게 파이프를 건네자 나는 받아 들고 먼지를 턴다.

오펜하이머   …내 동생이 와야 돼요.
                        (표정을 바꾸며) 걘 사막을 잘 알고 정치에서
                        손을 뗐고 지금 2년째 로렌스 밑에서 일하
                        고 있어요.

INSERT CUT:

사막 위를 가로질러 날아 군 장교와 함께 지프 옆에 서 있는
프랭크를 포착한다.

그로브스   실험 이름은 뭐죠?

오펜하이머	(생각에 잠기더니) "내 심장을 치소서, 삼위 일체의 하나님."
그로브스	뭐요?
오펜하이머	'트리니티'.

INSERT CUT:

철탑이 사막 위에 우뚝 서 있다….

INT. 원자력위원회, 2022호실 – 낮

롭	세상이 다 아는 공산주의자인 동생 프랭크를 부르자고 고집했다?
오펜하이머	한때 공산주의자였죠.
롭	어쨌든 한때의 공산주의자를 가장 중요한 극비 국방 프로젝트에 불러들인 거네요.
오펜하이머	제 동생은 100프로 믿을 수 있었으니까요.
롭	그걸 판단할 만큼 자신의 판단력을 믿었나요?

키스티아콥스키 (O.S.)   푹스, 머리 숙여!

EXT. 언덕 – 낮

언덕 뒤편에서 그로브스, 푹스, 프랭크와 나는 키스티아콥스키
와 호니그가 기폭 장치를 설치하는 걸 지켜본다. 푹스가 몸을
숙인다.

키스티아콥스키   다들 준비됐어…?

키스티아콥스키가 장치를 작동시키자 거대한 폭발이 일어나 탑
을 무너뜨린다. 거대한 불덩이가 공기 중으로 터져 나가고, 그
충격파가 나와 그로브스에게 잔해를 날려 보낸다.

그로브스   뭔가 좀 알아냈어요?

프랭크   훨씬 더 먼 거리에서 해야겠어요.

그로브스   그럼 빨리 계산해 봐요.
(나에게) 우린 아침에 워싱턴에 가야 돼요.
폭파 날짜 보고하러.

INT. 워싱턴DC, 호텔 로비 – 낮

로비를 가로질러 걸어가는데 누군가 내 팔을 잡는다. 실라르드
다. 그는 안경줄이 달린 안경을 쓴 과학자와 함께다. 창밖을 흘
깃 보니 그로브스가 차에 앉아 나를 기다리고 있다….

오펜하이머	시카고에서 멀리도 오셨네요, 레오.
실라르드	우리가 막지 않으면 일본에 그 무기를 쓸 거잖아요. 트루먼과의 면담도 신청했지만 누군가가 취소시켰어요. 당신은 오늘 전쟁부 장관을 만난다죠?
오펜하이머	무기를 만드는 건 우리지만 그걸 어떻게 쓸 진 정부가 결정하는 거죠.
실라르드	역사가 우릴 심판할 거요, 로버트. 지금 시카고에서 청원 운동을 벌이고 있어요.

안경잡이가 청원서를 내밀지만 나는 밀어낸다. 그가 인상을 찌푸린다.

오펜하이머	난 개입하기 싫어요. 우려 사항을 말해주시면 전하죠.
실라르드	우려 사항? 독일은 패했고 일본도 혼자선 오래 못 버텨요.
오펜하이머	어떻게 장담하죠? 이 모든 게 당신들 탓이에요. 당신과 아인슈타인이 루스벨트에게 우리가 핵폭탄을 만들 수 있다고 편지를…

실라르드	그땐 적이 독일이었소.

오펜하이머	무기는 하나의 적국에만 사용되지 않아요, 실라르드.

실라르드	오피, 당신이 도와줘야 해요.

오펜하이머	페르미도 회의에 참석해요. 로렌스도…

실라르드	그들은 당신이 아니죠. 당신은 뛰어난 과학 세일즈맨이오. 누구나 다 설득할 수 있어요. 당신 자신까지도.

INT. 전쟁부 장관실 – 낮

나는 페르미와 나란히 소파에, 로렌스, 그로브스, 부시는 의자에 앉아 있다. 스팀슨Henry Stimson 전쟁부 장관이 자리를 주재한다. 군인, 과학자, 관리 들이 방 안에 있다.

스팀슨	도쿄 폭격으로 10만 명이 사망했어요. 대부분이 민간인이었죠. 이런 일에 모두가 침묵하는 이 나라가 걱정이오.

마셜	진주만 공습과 3년간의 태평양 전쟁으로 미국 국민은 우리 편으로 돌아섰어요.

스팀슨	핵 사용을 용인할 만큼?
페르미	원폭은 도쿄 폭격만큼 피해가 크진 않을 겁니다.
스팀슨	추정 피해 규모가 얼마나 되오?
페르미	중간 규모의 도시에선 2, 3만 명쯤 죽겠죠.
오펜하이머	원자 폭발의 심리적 영향을 과소평가하면 안 됩니다. 1만 피트 높이의 불기둥이 솟고 치명적인 중성자 방사선 효과가 사방 1마일 범위를 덮을 거예요. 원자폭탄 단 한 개만으로요. 작은 B-29가 투하한 원자폭탄이 가공할 전능의 힘을 보여주는 거죠.

내가 방 안에 미치는 여파를 그로브스가 주의 깊게 관찰한다.

마셜	그렇다면 의심의 여지 없이 2차 세계대전은 끝날 거고 우리의 아들들도 집으로 돌아오겠군.
스팀슨	전쟁을 끝낼 수 있다?
오펜하이머	모든 전쟁을 끝낼 수 있죠. 우리가 도덕적

우위를 지킨다면.

그로브스, 분위기가 바뀜을 감지한다.

스팀슨   무슨 소리죠?

오펜하이머   우리가 동맹국에 알리지 않고 핵을 쓰면 그
                들은 위협을 느낄 거고 그럼 군비 경쟁이
                시작될 겁니다.

마셜   소련에 공개 가능한 수준은 어디까지죠?

부시   감춘다고 해서 소련의 핵 개발을 막진 못할
                겁니다.

정치가인 번스가 나지막이 헛기침을 한다.

번스   그들에겐 우라늄이 없다잖소.

부시   잘못된 정보입니다. 핵 개발은 시간 문제
                예요.

로렌스   전쟁 후에도 프로그램은 급속히 진행돼야
                합니다.

오펜하이머	스팀슨 장관님, 모든 프로젝트 참가자가 같은 생각인 건 아닙니다. 지금은 다른 의견도 들어봐야 할 때예요.

그로브스	맨해튼 프로젝트는 과학자들의 보안 의식과 사상 문제로 처음부터 문제가 많았습니다. 그중 한 명은 대통령 면담도 시도했고요.

나는 아무 말도 하지 않는다. 그로브스가 나를 똑바로 응시한다.

그로브스	지금은 그들이 필요하지만 프로젝트 후엔 그런 자들을 퇴출시켜야 합니다. 당신도 동의하죠, 박사?

나는 그로브스와 눈을 마주친다. 여전히 침묵을 지키다가… 고개를 끄덕인다.

마셜	러시아의 핵 개발이 불가피하다면 그쪽 과학자들을 트리니티에 초대하는 건 어때요?

번스	그랬다간 트루먼 대통령의 우려처럼 스탈린이 핵 프로젝트에 참가하겠다고 할지도 몰라요.

스팀슨	우리의 핵 개발 사실과 그 위력을 알려줬다고 해서 못 지킬 약속까지 할 필요는 없죠. 하지만 7월에 포츠담에서 열릴 평화 회담은 대통령이 그 얘길 꺼낼 마지막 기회가 될 겁니다. 그때까지 폭탄을 완성할 수 있나요?
그로브스	물론이죠. 회담 전에 시험 발사를 할 겁니다.
스팀슨	일본은?
오펜하이머	시험 발사가 성공하면 8월까진 폭탄 두 개를 만들 수 있어요.
스팀슨	군사적 타깃은?
오펜하이머	별로 큰 건 없습니다.
코넌트	근로자 거주지에 있는 주요 군수품 공장 하나 정도쯤?
페르미	민간인 사상자를 줄이기 위해 사전 경고를 할 순 없을까요?
공군 장교	그들이 필사 저항할 테니 저도 출격해야겠

네요.

부시   만약 선전포고 후 폭탄이 안 터지면 일본을 항복시킬 기회는 사라져요.

로렌스   발사 시연을 통해 미리 항복을 유도할 방법은 없나요?

그로브스   가장 명백한 방식으로 시연을 할 생각입니다. 두 번. 처음엔 핵의 위력을 보여주고 두 번째엔 항복할 때까지 계속할 것임을 보여주는 거죠.

스팀슨   선택 가능한 도시 12곳을 뽑아봤… 미안해요, 11곳이네요. 교토는 뺐습니다, 일본인들에게 문화적 의미가 큰 곳이라서요.

스팀슨이 방 안의 불편한 기색을 감지한다.

스팀슨   간단히 말하죠. 일본인들은 5대 본섬이 완벽히 점령되기 전엔 결코 항복하지 않을 겁니다. 그 과정에서 많은 미국인과 일본인이 죽겠죠. 일본 도시에 원폭을 쓰는 건 결과적으로 많은 생명을 구하는 겁니다.

EXT. 트리니티 실험장, 철탑 밑 – 낮

프랭크가 나와 그로브스에게 현장 계획을 설명한다.

프랭크　　　　　　　폭발 지점의 관측소 위치는 북쪽, 남쪽, 서
　　　　　　　　　　　쪽으로 1만 야드 거리에 있어.

오펜하이머　　　　　어디서 기폭시켜?

프랭크　　　　　　　남쪽 1만 야드 지점에서. 베이스캠프는 남
　　　　　　　　　　　쪽으로 10마일 거리에 있고 20마일 거리의
　　　　　　　　　　　저 언덕에 더 먼 관측소가 또 하나 있지.

탑 아래에서 땅을 파고 있는 군인을 가리킨다.

오펜하이머　　　　　저건 뭐야? 기폭선은 묻었잖아.

프랭크　　　　　　　공군이 B-29를 위한 조명선 설치를 요청
　　　　　　　　　　　했어.

오펜하이머　　　　　B-29라니? 폭탄은 탑에 설치했잖아?

프랭크　　　　　　　이 실험을 통해 안전 확보 거리를 확인한대.

그로브스　　　　　　그건 너무 위험해.

프랭크	정확한 폭발 반경도 모르고 핵을 투하하는 것보단 낫지요.
오펜하이머	그걸로 지체되면 안 돼. 15일이 디데이야.
프랭크	15일? 그건 말도…

프랭크, 내 표정을 본다.

프랭크	15일.

INT. 로스앨러모스, 이론부, 강당 – 낮

각 부서장들에게 계획을 설명한다.

오펜하이머	난 프랭크, 키스티아콥스키와 남쪽 관측소에 있을 거고 자네들은 베이스캠프와 서쪽 및 외곽 관측소에 배정될 거야.

INSERT CUT:

나는 탑 아래 있는 텐트에 들어간다.
팀원들이 은빛으로 빛나는 구체 형태의 폭탄을 둘러싸고 있다.

베테	이 거리면 안전한가?
오펜하이머	자네가 계산한 거야.

라비	이제 자네의 계산만 믿어야겠군, 한스.

INSERT CUT:

폭탄이 탑으로 올려진다….

텔러	방사능 구름 문제는?

오펜하이머	강풍만 안 불면 반경 2, 3마일 안에 구름이 머물 거야. 대피 조치는 마련해 놨지만 정확한 관측을 위해서도 날씨가 좋아야 돼. 15일 밤이 디데이야.

팀원들의 안색이 바뀐다.

오펜하이머	시간이 촉박하다고. 누구든 할 얘기 있으면 지금 해.

베테	내파 테스트를 한 번만 더 해보면 좋겠는데.

키스티아콥스키	하면야 좋지.

오펜하이머	그럼 해봐. 문제될 요인이 또 있나?

천둥 같은 소리가 들리고…

EXT. 로스앨러모스. 오펜하이머의 집 - 낮

하얀 침대보가 미친 듯이 바람에 펄럭인다. 창문 너머로 키티가 마지못해 잔을 내려놓는 모습이 보인다. 그녀는 빨랫줄에서 떨어지려고 하는 침대보를 잡으러 나온다. 현관에는 지프가 공회전하고 있고 무장한 경비원이 대기하고 있다.

나는 숙박 채비를 갖춘 가방을 챙겨 들고 집에서 나온다. 한 손으로 빨랫줄을 붙들고 있는 키티가 호기심 어린 얼굴로 나를 바라본다.

키티   정말 실험을 하네.

펄럭이는 침대보를 보다가 경비원을 슬쩍 쳐다본다.

오펜하이머   메시지를 보낼게. 실험이 성공하면… "침대보를 걷어"라고.

그녀가 고개를 끄덕인다. 나는 대기 중인 지프로 향한다.

키티   로버트?

돌아서자, 펄럭이는 침대보 사이로 키티가 보인다.

키티   행운을 빌어.

EXT. 로스앨러모스캐니언 – 낮

마지막 내파 테스트가 시작되면서 '펑' 하는 소리가 들린다. 키스티아콥스키와 푹스는 고개를 든다. 키스티아코스프키가 푹스에게 테이프를 보여준다.

EXT. 트리니티 실험장, 철탑 – 저녁

난 마지막 기술자가 탑에서 내려오는 것을 지켜본다. 그 남자에게 고개를 끄덕이고 홀로 탑을 오른다….
은색 구체 형태를 한 최초의 원자폭탄을 바라본다. 표면에는 기폭 장치가 박혀 있고, 전선이 스파게티마냥 뻗어 있다. 천둥소리가 울린다. 폭풍이 다가온다.

EXT. 트리니티 실험장, 베이스캠프 – 저녁

군용 텐트. 풍차가 미친 듯이 돌아간다.

INT. 트리니티 실험장, 베이스캠프 – 저녁

페르미가 팀원들 사이를 돌아다니며 내기를 걸고 있다.

페르미   오피는 겸손하게 TNT 3킬로톤에 걸었어.
                  텔러는 45….

라비가 지폐 몇 장을 꺼내 든다.

라비   난 20.

페르미	이지는 20킬로톤! 대기의 점화 여부에 베팅할 사람은 없어?

과학자들은 신음을 흘리며 웃는다. 군인들은 서로를 쳐다본다. '이게 뭔 일이래?' 그로브스가 군의 기상관을 몰아세운다.

그로브스	연기해야 된다는 건가?
기상관	그게 안전할 것 같다는 겁니다.
오펜하이머	그쪽 날씨도 이럴까요?

기상관이 통신을 시작한다. 키스티아콥스키가 뛰어 들어온다.

키스티아콥스키	오피….

전화벨이 울린다.

키스티아콥스키	베테가 내파 테스트 실패했대. 하지만…

난 수화기를 귀에 가져다 댄다.

오펜하이머	한스. 응, 옆에 있어. 그래. (전화를 끊는다) 설계 오류인가?

키스티아콥스키	아니.
오펜하이머	불발탄일 가능성은?
키스티아콥스키	없어.
그로브스	무슨 소리요?
키스티아콥스키	설명하긴 힘들지만 난 알아요. 내 파 렌즈는 작동할 겁니다.
오펜하이머	기폭 장치를 켰는데 반응이 없으면 2년 치의 플루토늄을 백사장에 버리는 거야.
키스티아콥스키	(손을 내밀며) '성공한다'에 내 한 달 치 봉급을 걸게. 내가 맞으면 10달러만 줘.

나는 키스티아콥스키를 지긋이 쳐다본다. 내기를 받아들인다.

기상관	폭발 지점에 바람이 거세지고 번개도 칩니다.

천둥. 라비가 불쑥 묻는다.

라비	이봐요, 기상관. 그럼 이제 와서 원자폭탄

기폭 준비가 완료된 철탑에서 다들 철수하
라고 하라는 거요?

기상관이 웃으며 무전기를 든다.

기상관   철수시켜.

오펜하이머   (그로브스에게) 남쪽 관측소로 갑시다. 거기
서 결정하자고요.

EXT. 트리니티 실험장, 철탑 – 밤

마지막 트럭이 지평선에 빛을 뿌리며 사라진다. 폭탄은 날벼락
에도 아랑곳하지 않은 채 그곳에 놓여 있다.

EXT. 트리니티 실험장, 남쪽 관측소 – 밤

그로브스와 기상관, 내가 사막에 쏟아지는 비를 지켜보고 있다.

오펜하이머   다들 이틀간 못 잤어요! 철수해서 폭탄을
정비하려면 몇 주 걸려요.

그로브스   그럼 포츠담회담 날짜까지 못 맞추지.
(시간을 확인한다) 7시까지 트루먼에게 연락
줘야 돼요.
(기상관에게) 시간이 없어. 날씨가 왜 이래?

기상관	비바람에 번개까지 치고 있습니다.
그로브스	언제 멎는 거야, 젠장!
기상관	쉽게 멎지 않을 겁니다.
오펜하이머	새벽 전에 멎을 거예요.
그로브스	뭘 보고 장담해요?
오펜하이머	난 이 사막을 알아요. 밤 동안 기온이 내려가면서 새벽 전에 폭풍이 멎어요.
기상관	그럴 것 같긴 하지만, 어쨌든 일정은 최대한 늦추는 게 좋겠습니다.
오펜하이머	5시 30분?

그로브스가 잠시 생각하더니 기상관을 돌아본다.

| 그로브스 | 방금 그 예보에 서명해. 틀리면 교수형에 처할 거야. |

INT. 남쪽 관측소, 벙커 – 밤

그로브스와 나 단둘이다. 밖에는 비가 퍼붓고 있다.

그로브스	3년간 4,000명이 동원됐고 20억 달러를 썼소. 폭탄이 안 터지면 우린 둘 다 끝장이오.
오펜하이머	난 3킬로톤에 걸었어요. 그게 임계점이거든요.
그로브스	페르미가 말한 '대기의 점화'는 뭐요?
오펜하이머	다들 한때 우려했었죠. 원자 장치의 연쇄반응이 안 멈출까 봐. 그럼 대기에 불이 붙거든요.
그로브스	근데 왜 페르미는 그쪽에 베팅한 거죠?
오펜하이머	일종의 블랙 유머죠.

그로브스가 뉘앙스를 눈치채고 단도직입적으로 묻는다.

그로브스	우리가 그 버튼을 누르면 세상이 멸망할 수도 있다…, 지금 그 얘기요?
오펜하이머	그걸 뒷받침할 근거는 3년간 찾지 못했어요. 확률이 극히 낮은 얘기죠.
그로브스	얼마나 낮죠?

오펜하이머	거의 0에 가까워요.

그로브스	0에 가깝다?

오펜하이머	(웃으며) 어차피 이론상의 얘긴데 무슨 답을 기대해요?

그로브스	'0'이면 안심이 되지.

난 시간을 확인한다.

오펜하이머	이제 정확히 1시간 58분 뒤면 알게 되겠죠.

귀를 기울이자,

오펜하이머	좀 잦아드네.

EXT. 트리니티 실험장 – 밤

서치라이트가 철탑을 비춘다. 조명 라인이 어두운 밤의 사막 저쪽에서부터 탑이 있는 곳까지 길게 이어져 있다.

EXT. 트리니티 실험장, 남쪽 관측소 – 연속

그로브스와 나는 잦아든 비 속으로 걸어 나온다. 바람도 약해졌다. 프랭크가 우리에게 다가온다.

| 프랭크 | 기폭팀이 폭발 지점을 출발, 스위치를 켜면서 이리 오고 있어. |
| | (군인들에게) 차 돌리고 비상 대피할 준비해요. |

EXT. 남쪽 1500 지점 – 밤

키스티아콥스키와 베인브리지를 포함한 군인들이 트럭에서 내린다. 키스티아콥스키가 바닥의 스위치를 켠다.

EXT. 트리니티 실험장, 베이스캠프 – 연속

라비, 페르미, 베테가 밖으로 나온다. 한 군인이 그들에게 용접용 고글을 건넨다.

EXT. 트리니티 실험장, 남쪽 관측소 – 밤

키스티아콥스키와 베인브리지가 트럭에서 내려 벙커로 들어간다.

INT. 트리니티 실험장, 남쪽 관측소 – 연속

베인브리지가 열쇠를 꺼내어 작동 스위치 박스를 연다. 키스티아콥스키가 고개를 끄덕이자 베인브리지가 스위치를 켠다.

| **베인브리지** | 20분 전. |

EXT. 트리니티 실험장 – 연속

신호 로켓이 밤하늘을 환히 밝힌다.

EXT. 트리니티 실험장, 베이스캠프 – 연속

라비와 페르미 등이 날아오르는 로켓을 바라본다.

페르미　　　　　　　20분 전!

EXT. 언덕 위 원거리 관측소 – 연속

텔러, 파인만, 로렌스 등의 과학자들이 멀리서 지켜보는 가운데 슉슉대며 요동하는 로켓.

파인만　　　　　　　20분 전이야!

군인이 고글을 나눠주지만 파인먼은 이를 거절하고 트럭 운전석에 올라탄다.

군인　　　　　　　파인만 씨.

파인만이 차 유리를 톡톡 친다.

파인만　　　　　　　괜찮아요. 이 유리가 자외선을 막아주거든.

고글을 낀 텔러, 밤이지만 자외선차단제를 바르고 있다.

텔러　　　　　　　유리가 깨지면 어쩌려고?

파인만은 텔러를, 그리고 고글을 바라보다가 고개를 저으며 웃는다….

INT. 트리니티 실험장, 남쪽 관측소 – 연속

그로브스가 내게 다가온다.

그로브스   난 베이스캠프로 가겠소. 행운을 빌어요.

악수한다.

그로브스   세상을 날려버리진 마요.

INT. 같은 곳 – 잠시 후

베인브리지가 비상정지 스위치 옆에 자리를 잡는다.

오펜하이머   바늘을 잘 봐. 기폭 장치가 안 켜지거나 전
                                  압이 1볼트 아래로 떨어졌을 때 그 버튼을
                                  누르면 모든 게 중단돼.

베인브리지가 고개를 끄덕이며 매의 눈으로 X-유닛의 바늘을
주시한다. 긴장한 표정이다.

EXT. 트리니티 실험장, 베이스캠프 – 연속

확성기로 카운트다운이 울려 퍼진다.

확성기   폭발까지 남은 시간 2분…

로켓이 발사된다.

군 지휘관   모두 엎드려!

모두들 실험 장소 반대편을 향해 몸을 돌리고 바닥에 눕는다.

군 지휘관   언덕에 반사광이 비치기 전엔 고개 돌리지
                          마. 그리고 폭발을 관찰할 땐 꼭 용접용 고
                          글을 끼도록!

확성기   90초 전…

EXT. 원거리 관측소 – 연속
파인만이 라디오를 카운트다운에 맞춰 조정한다.

라디오   60초 전…

로렌스가 파인만 옆으로 뛰어든다. 과학자들은 차 앞유리를 통
해 먼 곳을 바라본다. 선크림을 발라 하얘진 텔러가 고글을 고
쳐 쓴다.

INT. 트리니티 실험장. 남쪽 관측소 – 연속
베인브리지가 X-유닛을 들여다본다. 프랭크와 나는 탑을 주시

한다. 전자 카운트 기계가 켜진다. 45, 44, 43, 42···

오펜하이머   심장이 멈춰버릴 거 같군.

확성기   30초 전···

네 개의 붉은 표시등이 깜빡인다.

EXT. 트리니티 실험장, 철탑 – 연속

폭탄이 가동되고, 표면의 기폭장치가 웅웅거린다.

INT. 트리니티 실험장, 남쪽 관측소 – 연속

X-유닛의 바늘이 오른쪽으로 움직인다.

베인브리지   기폭 장치 충전 완료!

나도 고글을 착용한다.

EXT. 트리니티 실험장, 베이스캠프 – 연속

라비가 고글을 쓴 채 고개를 들어 주위를 살펴본다. 그로브스가 부시와 악수하고 있다···.

확성기   ···18, 17···

EXT. 원거리 관측소 – 연속

파인만이 차 앞유리를 쳐다본다. 텔러는 지평선을 응시한다.

라디오   …12, 11…

INT. 트리니티 실험장, 남쪽 관측소 – 연속

10초 전이 되자 공이 울린다. 베인브리지가 바늘을 들여다본다.
그의 손이 떨린다. 바늘이 멈춘다.

확성기   …10, 9, 8…

프랭크와 나는 콘트리트에 뚫어놓은 구멍들을 통해 상황을 지
켜본다.

확성기   …7, 6, 5…

키스티아콥스키가 벙커를 빠져나온다….

EXT. 트리니티 실험장, 남쪽 관측소 – 연속

…그리고 제방 위로 뛰어올라 저 멀리 보이는 탑의 작은 불빛에
시선을 고정한다.

확성기   …4, 3…

INT. 트리니티 실험장, 남쪽 관측소 – 연속

난 똑바로 앞을 응시한다.

확성기 ···2, 1···

베인브리지, 카운트가 내려갈 동안 계속 바늘을 주시하고 있다.

확성기 ···0.

숨이 멎는다. 고뇌의 순간은 가고 고요한 빛만 남는다. 화창한 날 정오의 환한 햇빛.

EXT. 트리니티 실험장, 베이스캠프 – 연속

갑자기 낮이 찾아온 듯 밝아진 주변. 라비는 고글을 낀 채 눈이 멀 듯한 이 백색 광선을 적막 속에 응시한다.

EXT. 원거리 관측소 – 연속

로렌스는 차에서 내리고, 파인먼은 갑작스러운 섬광에 눈을 질끈 감는다. 선글라스를 낀 원거리 관측자들이 가쁜 숨을 몰아쉰다.

INT. 트리니티 실험장, 남쪽 관측소, 트리니티 시험장 – 연속

빛이 눈부시게 밝아지면서 불덩어리가 되어 태양처럼 밝게 빛난다. 우리가 들을 수 있는 건 점점 커지는 자신의 숨소리 뿐이다. 나는 고글을 벗어 제끼고··· 지옥 같은 소용돌이 속에서 요동치는 플라스마를 지켜본다. 그것은 악마의 손톱처럼 하늘을 향해 기어오른다.

동공은 아주 작은 점처럼 작아진다.

오펜하이머 (V.O.)　　　　나는 이제 죽음이요, 세상의 파괴자가 되었다….

그리고 터져나오는 굉음!!!… !!!!… !!!!!….

충격파와 함께 밀려오는 바람과 먼지가 나를 덮친다.

천둥과 폭풍이 몰아치고 귀가 먹먹해진다.

EXT. 트리니티 실험장, 남쪽 관측소

강한 바람에 밀려 쓰러지는 키스티아콥스키.

INT. 트리니티 실험장, 남쪽 관측소 – 연속

어두운 천둥의 파도가 밀려오고 끔찍한 아름다움은 곧 공포로 변한다. 번쩍이는 구름이 하늘 높이 솟아오르고 그 안의 불길이 지옥 같은 주홍색으로 희미하게 빛나는 걸 보며 난 두려움에 휩싸인다. 먼지구름이 자줏빛 열기로 균열을 일으키며 피어오른다.

소리가 차츰 잦아들고, 사막의 대지에 다시 밤이 찾아오자 프랭크가 나를 쳐다본다.

프랭크　　　　　　　(나직하게) 성공이야.

나는 멍하니 고개를 끄덕인다.

EXT. 트리니티 실험장, 베이스캠프 – 연속

놀라움이 섞인 웅성거림, 드문드문 터져나오는 박수… 그리고 미친듯한 환호성과 박수, 춤…. 그 속에서 라비는 방금 무슨 일이 일어난 건지 아직도 실감을 못하고 있다.

EXT. 같은 곳 – 연속

황홀한 환호 소리…. 심지어 텔러도 웃고 있다. 파인만이 봉고* 를 꺼내 와 트럭 위에 올라 앉아 연주를 시작한다…. 여명이 밝아 오고 사람들은 파인만의 토속적인 리듬에 맞춰 춤을 춘다.

EXT. 트리니티 실험장, 남쪽 관측소 – 연속

키스티아콥스키가 크게 팔을 벌려 날 안더니 뒤로 물러서며 돈을 내라고 손을 내민다. 나는 지갑을 꺼내다가 얼굴을 찡그린다. 지갑이 텅 비었다.

오펜하이머   나중에 줄게.

키스티아콥스키가 씩 웃는다.

키스티아콥스키   그래, 꼭 줘! 꼭 줘야 돼!

---

* 라틴 음악에 사용하는 작은 드럼 모양의 악기.

EXT. 트리니티 실험장, 베이스캠프 – 잠시 후

여전히 축제가 이어지고 있는 한복판에서 라비는 차가 한 대 들어오는 것을 발견한다.

나는 게리 쿠퍼처럼 폼나게 차로 걸어간다. 사람들이 나를 발견하고 열광한다.

그로브스는 보좌관을 바라본다.

그로브스   포츠담 연결해, 지금 당장.

나는 그로브스에게 고개를 끄덕이고 축하 인파를 헤치며 서버를 찾는다.

오펜하이머   키티한테 메시지 보내줘.

서버의 안색이 굳어진다.

서버   발설하면 안 돼.

오펜하이머   그냥 침대보 걸으라고만 해.

서버가 씩 웃는다. 야전 전화기로 통화 중인 그로브스가 내 눈에 띈다. 그 순간 누군가가 날 어깨 위에 올린다.

INT. 로스앨러모스, 오펜하이머의 집 – 낮

키티는 갓난아기인 딸아이와 아직 어린 아들에게 밥을 먹이면서 부엌의 전화기를 만지작거리고 있다.

키티   미안. 그래, 샬럿. 얘기해.

샬럿   (전화) 무슨 말인지 모르겠는데 침대보를
                             걷으래.

키티가 얼어붙은 표정으로 수화기를 귀에서 떨어뜨린다.

샬럿   (전화) 키티? 키티?

키티가 미소 지으며 눈물을 흘린다. 이제 됐다.

Fade Out.

Fade In:

EXT. 로스앨러모스, 이론부 – 낮

난 군인들이 상자를 트럭에 실어 올리는 모습을 보고 있다.

오펜하이머 (V.O.)   구름층 위에서 투하하면 안 돼요.

INT. 로스앨러모스, 이론부 – 낮

난 장비 상자를 점검하는 공군 장교에게 말을 건다.

오펜하이머   너무 높은 데서 터지면 폭발력이 떨어져요.

공군 장교	죄송하지만 박사님, 여기서부턴 저희에게 맡기시죠.

폭탄을 넣은 상자가 내 눈 앞에서 닫힌다.

EXT. 로스앨러모스, 이론부 – 낮

그로브스가 내 옆에 서서 적재하는 광경을 본다.

오펜하이머	트루먼이 포츠담에서 스탈린에게 브리핑을 했나요?

그로브스	딱히 브리핑이랄 것도 없었소. 강력한 새 무기가 있다는 언급만 했어요. 스탈린은 그걸 일본에 써줬으면 좋겠다고 했고.

오펜하이머	그게 다예요?

그로브스	로버트, 우린 최고의 패를 줬고, 그걸 쓰는 건 그들의 몫이오.

난 답답한 마음에 담배를 바닥에 던져 비벼 끈다.

오펜하이머	6일이 목표인가요?

그로브스	그건 태평양 사령관에게 달렸지.

오펜하이머	워싱턴에 나도 갈까요?
그로브스	뭐 하러?
오펜하이머	계속 연락 줄 거죠?

그로브스가 몸을 돌려 떠난다.

그로브스	알았소. (뒤돌아보며) 노력해 보죠.

나는 불안한 마음으로 그로브스가 떠나는 걸 바라본다. 트럭 한 대가 철수하면서 텔러를 내려놓는다. 그는 짐을 실은 트럭이 떠나는 걸 보며 길을 건넌다.

텔러	만약 일본이 앞일을 알게 된다면 항복할까?
오펜하이머	모르겠어.
텔러	실라르드의 청원서 봤나?
오펜하이머	봤어. 그가 일본인들에 대해서 뭘 알겠어?

나는 텔러를 처다본다.

오펜하이머	자넨 서명 안 할 거지?
텔러	많은 사람들이 서명했어.
오펜하이머	에드워드, 폭탄을 만들었다고 해서 그 쓰임을 결정할 권리나 책임이 우리한테 더 많은 건 아냐.
텔러	하지만 핵을 잘 아는 건 우리뿐이지.
오펜하이머	스팀슨에게 여기 사람들의 의견을 전하긴 했어.
텔러	자네 의견은 뭔데?

나는 다른 트럭이 철수하는 걸 바라본다….

오펜하이머	핵이 일단 한 번 사용되면 그 뒤론 아무도 엄두를 못 내겠지. 핵 전쟁뿐 아니라 어떤 전쟁도.
텔러	더 큰 폭탄이 나올 때까지?

INT. 로스앨러모스, 오펜하이머의 집 - 낮

키티가 아래층으로 내려와 식탁에 앉아 있는 나를 발견한다. 내 앞에는 전화기가 놓여 있다.

오펜하이머   전화가 왜 안 오지?

키티   아직 5일이야.

오펜하이머   일본은 6일이야.

INT. 로스앨러모스, 오펜하이머의 사무실 – 낮

난 불안한 마음으로 사무실 안을 서성인다.

오펜하이머   샬럿? 그로브스에게 다시 전화해 봐요.

샬럿 (O.S.)   트루먼이 라디오에 나와요!

난 뛰쳐나간다.

INT. 오펜하이머의 사무실, 로비 – 연속

샬럿이 라디오를 스피커에 연결하고 있다.

트루먼   (라디오) …16시간 전 미 공군기 한 대가 히
                    로시마 상공에 폭탄 한 개를 투하해서 적의
                    주요 시설물을 파괴했습니다….

INT. 로스앨러모스, 이론부, 사무실 – 낮

프랭크가 서류에 뭔가 쓰고 있는데 스피커에서 들리는 삐- 소리.

트루먼   (스피커) …그 폭탄은 2만 톤의 TNT보다
                       위력이 훨씬 더 큰…

INT. 로스앨러모스, 이론부, 복도 – 연속

프랭크가 나오고 다른 사람들도 충격을 받은 채 복도로 몰려나
온다.

트루먼   (스피커) …원자폭탄입니다. 우주의 본질적
                       힘을 응용해서 만든 폭탄이죠….

창문 너머로 군인들이 쓰레기통 뚜껑을 두드리며 환호하는 소
리가 들려온다. 프랭크와 과학자들은 애매한 표정으로 미소를
지으며 악수를 나눈다.

INT. 로스앨러모스, 오펜하이머의 사무실 – 낮

난 라디오를 듣고 있다.

트루먼   (라디오) …극동에서 전쟁을 일으킨 자들을
                       태양의 원천적 에너지로 제압한 겁니다….

샬럿 (O.S.)   1번 전화, 그로브스예요!

나는 전화기를 힘껏 움켜쥔다.

그로브스   (전화) 당신과 당신 동료들이 무척 자랑스
                     럽소.

오펜하이머   잘됐나요?

그로브스   (전화) 엄청난 굉음과 함께 폭발했나 봐요.

오펜하이머   여기도 비교적 분위기가 좋아요. 기나긴 여
                     정이었죠.

그로브스   (전화) 내가 살면서 제일 잘한 일은 당신을
                     로스앨러모스의 책임자로 앉힌 거요.

나는 살며시 수화기를 내려놓는다.

트루먼   (라디오) …우린 20억 달러 이상의 돈을…

EXT. 로스앨러모스 - 연속

안도의 한숨을 내쉬며 길을 걷는다.

트루먼   (라디오) …이 역사상 가장 위대한 도박에
                     쏟아부었고 결국 승리했습니다.

경적이 울린다. 군인들이 환호한다. 사람들이 손을 흔든다. 나는 고개를 끄덕여 화답한다.

INT. 로스앨러모스, 풀러 롯지 – 밤

고등학교 응원전 때처럼 흥분을 주체하지 못하는 관중들이 객석을 가득 메우고 있다.

INT. 로스앨러모스, 풀러 롯지, 로비 – 연속

키티가 다가와 내 넥타이를 고쳐 매준다. 수십 개의 발이 리드미컬하게 구르는 소리가 들린다.

INT. 로스앨러모스, 풀러 롯지 – 연속

기다리다 못한 관중들이 일제히 발을 구른다.

INT. 로스앨러모스, 풀러 롯지, 로비 – 연속

키티가 고개를 끄덕이고, 나는 심호흡을 하며 문을 밀고 들어간다.

INT. 로스앨러모스, 풀러 롯지 – 연속

객석 뒤쪽을 지날 때, 수십 명이 일사불란하게 발을 구르는 광경이 펼쳐진다. 강단에 가까워질수록 이 소리는 빨라진다.
발소리는 계속 빨라지고, 리듬이 망가질 때까지 점점 더 빨라져, 내가 강단에 가까워질수록 불협화음이 커진다.
내가 연극 속 승리의 제스처 같이 손을 들어올리자 관중들이 환호한다.

오펜하이머   세계는 오늘을 기억할 겁니다.

소란스러운 환호성….

오펜하이머   아직은 폭격이 어떤 결과를 가져올지 단정
                          하기 이르지만…

여전히 환호성을 지르는 관중. 그러나 소리는 점차 줄어든다.

오펜하이머   …일본은 혼이 좀 났겠죠?

환호, 환호, 또 환호. 그러나 소리는 들리지 않는다. 흥분한 얼굴
들을 보고 있자니 내 숨소리가 들린다. 나는 말을 이어나간다.

오펜하이머   여러분이 이뤄낸 모든 게 자랑스럽습니다.

관중들은 열광하는 것처럼 보이지만 들리는 것은 오직 좌석이
삐걱거리는 소리와 발걸음이 뒤섞이는 소리뿐이다. 손은 조용
하게 박수를 치고, 입은 조용하게 열리고 닫힌다. 난 다시 말을
이어간다.

오펜하이머   한 가지 유감은, 독일엔 핵을 쓰지 못한 거
                          죠….

환호하고 박수치는 사람들이 죽음과 같은 침묵 속에서 발걸음을

옮긴다.

나는 그들을 응시하면서 무슨 소리든 들어보려고 애쓴다. 그 순간…

환호성이 아니라 찌르는 듯한 비명이 울린다. 햇빛이 갑작스럽게 창문으로 쏟아져 들어온다, 밝게, 더 밝게.

환호성/비명을 지르는 입들이 괴기스러운 정도로 넓게 벌어지고, 내 눈은 점처럼 작아진다.

쿠쿵!!…!!!…!!!!!…!!!!!!… 천둥과 폭풍이 몰아치고 난 귀가 먹먹해진다.

웃고 있는 젊은 얼굴에서 살점이 찢어져 나가는 게 보인다.

플라스마가 휘몰아치고 악마의 발톱이 밤하늘까지 닿는다. 젊은 군중들이 환호하던 곳에는 잿더미가 쌓여 있다.

INT. 같은 곳 – 잠시 후

나는 고요하게 움직이는 축하의 인파를 헤치고 나간다. 뒤에서 박수 소리. 키스를 받는다. 고개를 끄덕이고 공허한 미소를 짓는다. 웃고 있는 젊은 여성을 본다. 무언가를 밟는다. 내려다보면 새까맣게 타 잿더미가 된 시체 안에 발이 파묻혀 있다. 나는 고개를 들어 이미지를 떨쳐낸다. 객석 아래에서 젊은이들이 스웨터에서 빠져나온 손을 내밀고 있다. 나는 다시 그 젊은 여자를 본다. 그러나 이제 그녀는 그저 울고 울고 울고 또 울고만 있다.

INT. 로스앨러모스, 풀러 롯지, 로비 – 연속

걸어가는데… 벽에 등을 대고 앉은 한 젊은 남자와 그를 달래는 한 여자가 보인다.

EXT. 로스앨러모스, 풀러 롯지 – 연속

밖으로 나가자, 한 무리의 사람들이 왁자지껄 웃으며 뛰어간다.
돌아보자 한 젊은 물리학자가 몸을 웅크리고 있다.
내가 지나가자 그가 쳐다본다. 심란한 표정이다. 입가엔 구토물
이 묻어있다.

Fade to black.

INT. 백악관, 대통령 집무실, 로비 – 낮

편안하고 부드럽고 격식이 있는 분위기. 커피 테이블 위엔 내
얼굴이 표지에 실린《타임》이 있다. "원자폭탄의 아버지."

여성의 음성 (O.S.)   오펜하이머 박사님?

보좌관이 부드럽게 발걸음을 옮기며 잡지를 가리킨다.

보좌관   사진이 멋지네요.

난 그녀를 올려다본다. 무표정한 얼굴로.

보좌관   트루먼 대통령께서 기다리십니다.

INT. 대통령 집무실 – 연속

트루먼이 책상에서 일어나 다가와 악수를 청한다.

트루먼	오펜하이머 박사, 영광입니다.

오펜하이머	대통령님, 번스 장관님.

번스가 고개를 끄덕이고 앉는다. 나도 자리에 앉고, 트루먼은 책상에 기댄다.

트루먼	세상에서 가장 유명한 인물이 된 기분이 어때요?

아무 대답도 할 수 없다.

트루먼	당신은 많은 미국인의 생명을 구했어요. 그무기를 히로시마에 투하해서…

오펜하이머	나가사키에도요.

트루먼	뭐요?

오펜하이머	히로시마와 나가사키에 투하했죠.

트루먼	네, 어쨌든 당신의 발명품 덕에 우리 아들들이 돌아왔어요. 당신의 조국은 당신에게큰 빚을 졌소.

오펜하이머	제 발명품이라고는 할 수 없죠.
트루먼	《타임》 표지에 당신이 나왔던데? (번스를 가리키며) 짐한테 듣자니 소련과의 군비 경쟁을 우려하신다고?
오펜하이머	네, 전… 이 기회에 원자력에 대한 국제적 협력을 이끌어 내야 한다고 봅니다. 제가 우려하는 건…
트루먼	소련이 언제 핵을 보유할 거라 보시오?
오펜하이머	글쎄요, 정확히는…
트루먼	보유해선 안 되죠.

나는 믿을 수 없다는 표정으로 대통령을 바라본다.

오펜하이머	대통령님, 러시아엔 뛰어난 물리학자들과 풍부한 자원이 있고….
트루먼	풍부한? 난 그렇게 생각 안 해요.
오펜하이머	그들은 분명 모든 자원을 동원해서….

말꼬리를 흐린다.

오펜하이머   로스앨러모스를 떠나실 계획이라던데 그 럼 거긴 어쩌지?

트루먼   인디언에게 돌려주세요.

트루먼이 웃는다. 농담한 게 아닌데. 트루먼이 번스에게 도움을 청한다.

번스   오펜하이머 박사, 소련에 대한 말씀이 사실 이라면 로스앨러모스를 폐쇄하지 말고 더 보강해야죠.

나는 몹시 불편한 기색으로 내 두 손을 감싸 쥔다.

오펜하이머   대통령님, 전 지금 제 손에 피가 묻은 느낌 입니다.

트루먼이 달라진 눈빛으로 나를 바라본다. 상의 포켓에서 잘 다려진 흰색 손수건을 꺼내 내밀며 말한다.

트루먼   히로시마나 나가사키 사람들에게 중요한 건 누가 폭탄을 만들었는지가 아니고 누가 투하 명령을 내렸느냐요. 내가 내렸지. 당신이 책임질 일이 아니라고요.

트루먼이 번스에게 손짓을 하고 둘 다 몸을 일으킨다. 나도 자리를 뜬다. 어색하다. 방을 나가는데 들리는 소리.

트루먼   징징대는 애들은 이 방에 들이지 마.

대통령 집무실의 문이 닫힌다.

스트로스 (V.O.)   로버트는 소용없는 죄책감을 버리기로
                      했지.

INT. 백악관, 대통령 집무실, 로비 – 연속

나가는 길에 보니 테이블 위 잡지 표지 속의 내 얼굴이 날 빤히 보고 있다.

스트로스 (V.O.)   날 만났을 땐 '폭탄의 아버지'라는 명성에
                      익숙해져 있더군….

Cut to:

INT. 상원의원실 – 낮(흑백)

스트로스가 앉아서 상원의원 보좌관과 이야기를 나누고 있다.

스트로스   그 명성을 이용, 정책에도 관여했어.

INSERT CUT:

《라이프 LIFE》. "오펜하이머, 원자력의 최고 권위자"⋯. 오펜하이머가 플래시 세례 속을 지나간다⋯. 고등연구소 소장 사택에서 기자들이 오펜하이머와 키티의 사진을 찍는다⋯.

스트로스   하지만 매카시 광풍이 불자 그는 위협을 느꼈지. 동생이 이 나라 모든 대학의 블랙리스트에 올라가 있었거든.

INSERT CUT:

콜로라도의 목장에서 작업 중인 프랭크.

스트로스   로마니츠는 철도 레일을 까는 잡역부가 됐고⋯

INSERT CUT:

망치질을 하는 로마니츠.

스트로스   슈발리에는 망명했지⋯

INSERT CUT:

장 봐 온 물건을 들고 닭들이 돌아다니는 프랑스 시골 골목길을 걸어가는 슈발리에.

| 스트로스 | 그럼에도 로버트는 합동 자문위원회를 조종해 수소폭탄 개발 대신 규제를 권고했고… |

INSERT CUT:

스트로스가 오펜하이머를 바라보며 호텔 회의실에 있는 테이블 위의 꽃을 움직인다.

| 스트로스 | …권고안이 거부되자 크게 낙심했지…. |

INSERT CUT:

헤드라인: "트루먼, 수소폭탄 개발 계획 발표"

Cut to:

INT. 플라자 호텔, 무도회장 – 밤(컬러)

난 손에 든 술을 마시며 스트로스에게 '생일 축하' 노래를 불러주는 방 안의 사람들을 보고 있다. 옆에선 루스 톨먼이 신문을 보고 있다.

| 루스 | 리처드가 너무 그리워서 견딜 수가 없어. |

나는 연민을 느끼며 루스에게 돌아선다.

| 루스 | 하지만 한편으론 이 모든 걸 못 보고 죽은 |

게 다행 같기도 해.

고개를 끄덕인다. 이해한다. 그녀는 술잔을 내려놓고 자리를 뜬다.

스트로스 (O.S.)   로버트, 내 아들과 예비 며느리가 원자폭탄
의 아버질 꼭 만나 뵙고 싶대요.

스트로스가 자신의 아들과 그 약혼녀를 데리고 다가온다. 나는
그들을 힐끗 쳐다보고 잔을 들어 돌아선다. 스트로스는 모욕감
을 느끼며 그 자리에 서 있다. 두 연인은 어색하게 자리를 뜬다.

스트로스   타이밍이 별로인가요?

오펜하이머   어떨 거 같아요, 루이스?

스트로스   충격이 컸겠죠, 당신에겐⋯

오펜하이머   세상에게도 그렇죠.

스트로스   세상? 푹스가 뭐 그렇게 대단한 인물이라고.

오펜하이머   푹스요? 클라우스 푹스?

스트로스가 염려 섞인 얼굴로 나를 쳐다본다.

스트로스	이런, 못 들으셨군. 당신이 내파 팀에 투입했던 영국 과학자 클라우스 푹스가…

INSERT CUT:

푹스가 오펜하이머에게 그의 파이프를 건넨다….

스트로스	…알고 보니 소련의 첩자였어요. 유감이오, 로버트. 충격이 크시겠군. (바 쪽으로 손짓하며) 한 잔 더 마셔요. 내가 내죠.

스트로스가 떠난다. 나는 그 자리에 못 박힌 것처럼 서 있다.

스트로스 (V.O.)	푹스의 정체가 밝혀진 후 FBI는 그에 대한 감시를 강화했소. 전화를 감청하고…

Cut to:

INT. 상원의원실 - 낮(흑백)

스트로스	어딜 가도 미행하고…

INSERT CUT:

오펜하이머가 운전하면서 백미러를 확인한다.
그를 따라오는 세단이 있다.

스트로스	쓰레기까지 뒤져도…

INSERT CUT:

키티가 부엌 창문을 통해 그들이 내놓은 쓰레기를 뒤지는
정장 차림의 남자를 발견한다.

스트로스	그는 발언을 멈추지 않았지.
상원의원 보좌관	소신은 있었네요.
스트로스	응, 명성이 자길 지켜주리라 믿었겠지. 아 이젠하워의 취임으로 그에겐 다시 기회가 왔고 그는 그 기회를 잡았어.

INT. 기업 강당 – 밤(흑백)

오펜하이머가 강연을 하고 있다…. 스트로스는 관중에 섞여 있다.

오펜하이머	미국과 러시아는 마치 병 속에 든 두 마리 전갈과 같습니다. 서로를 죽일 수는 있지만 그러려면 자신의 목숨까지 걸어야 하죠. 이 정책엔 다양한 측면이 있습니다. 하지만 그 문제에 관해 전 언급할 수가 없습니다. 참 우스꽝스러운 일이죠. 진실을 알아도 그걸 털어놓을 상대가 없고, 또, 그 진실 자체가 너무 극비라서 입 밖에 내거나

머리에 떠올려도 안 되니 말입니다.

이 문제의 유일한 해결책은 솔직함입니다. 워싱턴의 관료들은 이제 국민에게 진실을 알려야 합니다. 원자력 무기 경쟁에 대해 적국이 뭘 알고 있는지 알려야 한다는 겁니다.

스트로스는 장군 두 명이 서로 좋지 않은 표정을 주고받는 것을 발견한다.

스트로스 (V.O.)   많은 과학자들이 날 비난하지만 내가 어찌 그를 옹호할 수 있었겠나?

INT. 상원의원실 – 낮(흑백)

스트로스   로버트의 적들은 더 이상 참지 못했고…

상원의원 보좌관   그의 보안 인가를 취소했죠.

스트로스   더불어 그의 신뢰성도 추락했지.

상원의원 보좌관   왜들 그런 짓을 했을까요? 그는 전쟁영웅이었고 과거도 이미 털어놨는데.

스트로스   보든이 모든 걸 다시 들쑤신 거지.

상원의원 보좌관	누가 보든에게 그의 FBI 파일을 보여줬을까요? 니콜스 중령?
스트로스	니콜스는 절대 아닐 거요. 누가 그랬든 그 일로 백악관부터 AEC의 내 자리까지 불똥이 튀었지. 당신도 그때 봤잖아. 오펜하이머의 일로 다들 내 목을 옭아매려고 하는 거. 난 평생을 노력해서 미합중국 각료 후보의 자리에까지 올라왔는데 이제 정부가 온 국민 앞에서 날 다시 끌어내리려고 하고 있어. 미천한 구두 판매원으로.
법률 고문	루이스, 우린 잘할 수 있어요.
상원의원 보좌관	고통스럽지만 견디면서 본연의 의무를 다 하셨다는 걸 어필해 보죠. 참, 힐은 증언을 잘해줄까요?
법률 고문	힐은 믿을 만하죠.
스트로스	그는 실라르드가 시카고에 있을 때의 제자였소. 원폭 투하 반대 청원 때…

Cut to:

INT. 로스앨러모스, 강당 – 밤(컬러)

서버와 모리슨이 우리가 본 적 없는 슬라이드를 사용해 강의를 하고 있다.

스트로스 (V.O.)   …로버트가 안 도와줘서 서로 사이가 틀어 졌지.

나는 수많은 청중 중 한 명으로서 슬라이드를 보고 있다.

모리슨   이건 폭격 31일 후의 사진입니다. 사방 1마 일 근방에 있던 사람들 거의 모두가 폭발 즉시 심각한 화상을 입었죠.

서버가 슬라이드를 바꾼다. 나는 움찔한다.

모리슨   고열의 섬광이 급격하고도 괴이한 열상을 일으킨 겁니다.

서버   일본 측 증언으론 줄무늬 옷을 입었던 사 람들은 피부가 줄무늬로 탔다더군요.

슬라이드를 바꾼다. 나는 화면에서 눈을 돌린다. 모리슨이 말 을 이어가자, 다시 발 구르는 소리가 들린다.

모리슨	무너진 집에서 기어 나와 목숨을 건진 사람들은 자신들의 행운에 안도했지만 결국 그들도 그 며칠 후 혹은 몇 주 후에 죽었습니다. 폭발 순간 대량으로 방출된 방사선에 노출된 후유증으로요.

EXT. 로스앨러모스, 이론부 – 밤

난 파이프에 불을 붙인다. 텔러가 다가온다.

텔러	이 쓰레기 기사 봤나? 한 영국 물리학자가 이렇게 썼어. "원폭 투하는 제2차 세계대전의 마무리라기보단 대 러시아 냉전의 새로운 출발점이다."

오펜하이머	물리학자 누구?

텔러	자네도 아는 사람일걸? 패트릭 블래킷.

기억을 떠올린다.

INSERT CUT:

블래킷이 한입 가득 사과를 깨문다.

나는 후회 속에 자조한다.

오펜하이머	틀린 소린 아닐 수도 있어. 우리가 다 망해가는 나라를 폭격했으니까.
텔러	로버트, 자넨 이제 큰 영향력을 갖고 있어.

텔러를 쳐다본다.

텔러	내가 '슈퍼' 연구를 계속할 수 있게 압력 좀 넣어줘.
오펜하이머	그럴 수 없어. 그럴 생각도 없고, 에드워드.

텔러가 상처받은 표정으로 나를 바라본다.

텔러	왜?
오펜하이머	국고를 그런 데 쓰는 건 옳지 않지.
텔러	정말로 그렇게 믿나?

나는 아무 말도 하지 못한다.

텔러	J. 로버트 오펜하이머. 스핑크스 같은 원자력의 거물. 그 속은 아무도 모르지. 자넨 아나?

오펜하이머 (V.O.)	전 여러분이 훗날 자부심 속에 이날을 돌아
	볼 수 있길 바랍니다….

EXT. 로스앨러모스, 풀러 롯지 – 낮

난 그로브스를 옆에 세워둔 채 퇴임 연설을 한다. 로스앨러모스 공동체의 수천 명 구성원이 경청한다.

오펜하이머	하지만 오늘 우린 자부심보다 더 큰 두려움
	을 느껴야 합니다. 앞으로 원자폭탄이 세계
	의 무기고에서 한 자리를 차지한다면… 인
	류는 로스앨러모스와 히로시마라는 이름
	을 저주하게 될 테니까요. 온 세계인들은
	이제 단합해야 합니다. 그렇지 않으면 결과
	는 자멸뿐입니다.

우레와 같은 박수 소리가 온 산에 울려 퍼진다.

Cut to:

INT. 상원의원실 – 아침(흑백)

스트로스와 법률 고문이 커피를 마신다. 상원의원 보좌관이 뛰어 들어온다.

상원의원 보좌관	죄송합니다, 제독님. 이걸 사 왔어요.

상원의원 보좌관이 스트로스가 표지에 실린 《타임》을 내민다. "스

트로스 사건. 상원 대 대통령".

상원의원 보좌관   기사가 우호적인데요?

법률 고문이 상원의원 보좌관 어깨 너머로 잡지를 바라본다.

법률 고문   오펜하이머의 사진이네. 사진 제목은 뭐죠?

상원의원 보좌관   "J. 로버트 오펜하이머에게 스트로스가 맞
서 싸워서…"
(잠시 멈춤) "미국이 이겼다."

법률 고문   괜찮네.

상원의원 보좌관이 당황한 얼굴로 스트로스를 올려다본다.

상원의원 보좌관   제독님이 하신 말이잖아요, 어제.

스트로스   전략을 바꿔야 했소.

상원의원 보좌관   《타임》이 뭐라고 쓸지 어떻게 아시고요?

스트로스   헨리 루스 Henry Luce*가 내 오랜 친구요.

---

* 《타임》, 《라이프》, 《포천》 등을 창간한 미국의 전설적인 잡지 발행인.

상원의원 보좌관이 스트로스를 바라보고는 깨닫는다.

상원의원 보좌관   청문회에 대해 저한테 조언을 청하시더니 실상은 모든 걸 저보다 먼저 내다보고 계셨네요.

스트로스   워싱턴에서 살아남으려면 처세를 잘해야 하거든.

상원의원 보좌관   네, 처세를 잘하시네요. 보든에 대해 뭐라고 하셨었죠? '자기 손에 직접 피를 묻히기 싫었던 거다'? 지금 생각하니 그가 제독님 대신 자기 손에 피를 묻힌 거 같은데요?

스트로스   음?

상원의원 보좌관   AEC 위원장 자격으로 오펜하이머의 파일에 접근하실 수 있었잖아요.

Cut to:

INT. 원자력위원회, 2022호실 – 낮(컬러)

나는 앉아서 증언한다. 롭이 메모를 체크한다.

롭   전후 몇 년간 본인이 미국의 원자력 정책에 크나큰 영향을 미쳤다고 보시나요?

| 오펜하이머 | '크나큰' 영향을 미친 건 아니죠. |

| 롭 | 그래요? 동위원소의 수출에 반대하는 모든 의견을 당신이 묵살시킨 걸로 아는데요? |

난 의회에서 했던 증언을 떠올린다….

INT. 의회 청문회실 – 낮

내 발언을 들은 청중들이 웃음을 터트린다….

| 오펜하이머 | 맥주도 핵무기를 만들 때 필요하죠, 실제로요…. 동위원소는 핵무기 부품보단 훨씬 덜 중요하지만 샌드위치보단 유용할 겁니다. 아마 그 둘의 중간쯤 되겠죠. |

사람들이 감탄하며 웃는다. 나는 볼페를 향해 몸을 숙인다.

| 오펜하이머 | 어땠어? |

볼페가 화가 난 표정으로 눈을 내리깔고 있는 루이스 스트로스를 흘끗 본다.

| 볼페 | 잘했어, 로버트. 좀 지나칠 정도로. |

INT. 원자력위원회, 2022호실 - 낮

오펜하이머	당시 전 대변인이었지만 동료들의 의견도 다 똑같았습니다.

| 그레이 | 오늘은 여기까지 하고 내일 속회하죠. 내일은 이지도어 라비 박사를 출석시켜 증언을 들어보겠습니다. |

INT. 워싱턴DC, 호텔 객실 - 밤

나는 침대에 걸터앉아 있고 개리슨과 그 휘하 직원들은 메모를 검토하고 있다…. 키티는 객실의 미니 바를 털고 있다.

| 개리슨 | 라비는 우릴 도와주겠죠. 하지만 쟁점은 보든이 텔러에게 얼마나 영향력을 행사했느냐가 될 거예요. |

키티가 미니어처 병의 뚜껑을 이로 물어 따며 웃는다.

| 개리슨 | 내 말이 웃겼나요? |

| 키티 | 그저 보든, 보든, 보든! 이 사태의 배후가 스트로스인 건 다들 알잖아요. |

| 오펜하이머 | 키티, 스트로스는 날 프린스턴으로 불러 |

줬어.

키티   근데 당신이 의회에서 그를 모욕했잖아.

오펜하이머   그건 6년 전 일이야.

키티   그때 일을 못 잊고 복수심에 불타 여태 별
               러온 거지.

개리슨   스트로스는 중립적인 입장임을 주장해 왔
               어요.

키티가 미니어처 병을 내게 집어 던진다. 병이 벽에 부딪혀 깨진다.

키티   정신 차려요! 스트로스가 배후라니까! 대
               체 왜 맞서서 안 싸우는 거야?

그녀가 욕실로 들어가 문을 쾅 닫는다. 개리슨이 병 조각을 치우
며 나를 쳐다본다.

개리슨   전에도 말했듯이 로버트, 부인은 증인 출석
               을 안 시키는 게…

Cut to:

INT. 상원의원실 – 아침(흑백)

상원의원 보좌관이 홀린 듯한 표정으로 스트로스를 바라본다.

상원의원 보좌관   니콜스도 후버도 트루먼의 측근도 아닌 당
신이었군요. 당신이 보든에게 오펜하이머
의 파일을 줬어요…. 당신이 그를 설득해서
오펜하이머를…

스트로스   보든은 내 설득이 필요치 않았소.

INT. 원자력위원회, 니콜스의 사무실 – 밤(흑백)

니콜스가 책상에 앉아 있다. 하지만 이 방에서 주도권을 쥐고 있는
사람은 스트로스다. 그는 보든에게 지시를 내린다.

스트로스   파일을 천천히 모두 훑어보고 결론서를 써
서 FBI로 보내.

보든   자료가 엄청 방대하긴 한데 새로울 건 없
네요.

스트로스   결론서를 보내면 이번엔 그냥 못 빠져나가.

니콜스   후버가 그걸 매카시에게 넘기면요?

스트로스	(고개를 저으며) 그 어릿광대는 노련한 오펜하이머와 상대가 안 돼요. 내가 후버에게 미리 말해뒀으니 당신이 AEC에서 일을 진행할 동안 그가 매카시를 커버해 줄 거요.
니콜스	재판을 할 건가요?
스트로스	아니. 재판은 오펜하이머에게 판을 깔아주는 거요. 그를 순교자로 만들 순 없지. 오펜하이머의 신뢰성을 체계적으로 무너뜨려서 다신 국가 안보 문제를 거론 못 하게 해야 돼요.
보든	그 뒤엔요?
스트로스	비좁고 초라한 조사실에 갇힌 채 모두에게서 잊히겠지⋯.

INSERT CUT:

2022호실이 열린다. 직원들이 먼지를 털고, 테이블을 정리한다.

| 스트로스 | 간단한 행정절차면 끝나. 그의 보안 인가 갱신 때⋯
(보든을 가리키며) 자네가 FBI에 결론서를 보내면⋯ |

INSERT CUT:

보든이 타자기에서 서류를 꺼낸다. 서류봉투를 봉인한다.

스트로스   …후버가 AEC에 전할 테니…

                          (니콜스를 가리키며) 그때 당신이 고발장을
                          쓰라고요.

INT. 스트로스 저택, 현관 홀 – 밤(흑백)

스트로스가 오펜하이머에게 문을 열어준다.

스트로스 (V.O.)   그리고 오펜하이머에게 보안 인가 갱신이

                          거부됐다고 통보해요.

INT. 스트로스 저택, 거실 – 밤(흑백)

니콜스가 오펜하이머에게 고발장을 건네고, 오펜하이머는 앉아서
읽는다. 스트로스가 오펜하이머에게 술잔을 건넨다.

스트로스 (V.O.)   단, 항소할 기회는 줘요.

오펜하이머가 고발장에서 눈을 떼고 고개를 든다.

오펜하이머   이거 가져가도 될까요?

니콜스   안 됩니다.

스트로스 보다시피 아직 결재가 안 났어요. 혹시 항
소하시면 사본을 한 부 받게 될 겁니다.

오펜하이머가 멍하니 일어선다. 스트로스가 그의 팔을 잡는다.

INT. 원자력위원회, 니콜스의 사무실 – 밤(흑백)

스트로스 그가 항소하면 난 청문위를 구성할 거고…

INSERT CUT:

그레이 위원회 위원들이 2022호실에 착석한다.

스트로스 …그들은 변호인단을 선임할 거요.

INSERT CUT:

로저 롭이 자리에 앉는다.

니콜스 기소인은요?

스트로스 내정만 해놨소.

니콜스 누군데요?

스트로스 로저 롭.

니콜스	와우.

스트로스	롭은 오펜하이머의 파일을 검토하기 위해 보안 인가를 받을 거요.

INSERT CUT:

롭이 커다란 검은색 바인더를 개봉한다.

스트로스	그레이 위원회도 받을 거고…

INSERT CUT:

검은 바인더가 위원들 각각의 앞에 놓인다.

스트로스	하지만 변호인단은 못 받지.

INSERT CUT:

*개리슨은 2022호실에 있는 그의 자리에 앉아,
다른 자리에 놓은 검은 바인더를 탐난다는 듯이 바라본다.*

스트로스	비공개 청문회거든. 청중도 기자도 없고 입증 책임도 없는.

니콜스	입증 책임이 없다?

스트로스가 술을 한 모금 마시고는 니콜스를 향해 미소 짓는다.

스트로스   그를 벌주려는 게 아니라 몰아내려는 거
                 니까.

INT. 원자력위원회, 2022호실 – 낮(흑백)

오펜하이머가 증인석에 앉아 있다.

오펜하이머   이 답변서는 현 상황과 관련 있는 제 삶의
                 일면들을 대략 연대순으로 요약한 것입니
                 다….

INT. 상원의원실 – 낮(흑백)

상원의원 보좌관이 상한 견과류를 잘못 먹기라도 한 표정을 짓고
있다.

스트로스   당신 그때 뭐라고 했었지? '이건 그냥 통과
                 의례예요?'

상원의원 보좌관   제가 순진했었네요.

스트로스   아마추어는 태양을 쫓다가 잡아먹히지. 권
                 력은 그늘 속에 감춰져 있거든.

상원의원 보좌관   (《타임》을 가리키며) 제독님은 그늘에서 나

오셨잖아요.

스트로스   그러니까 난 이길 수밖에 없지.

상원의원 보좌관   뭐, 일단 텔러의 오늘 아침 증언이 도움이 되
                        겠죠. 그리고 오후엔 힐이 증언할 거고요.

스트로스   힐도 우릴 도와줄 거요.

Cut to:

Colse on:

머리 부분에 "AEC"라고 박힌 편지. "오펜하이머 박사님께…"

스트로스 (O.S.)   보다시피 아직 결재가 안 났어요….

INT. 스트로스 저택, 거실 – 얼마 후(컬러)

난 니콜스의 고발장을 보고 깜짝 놀라 고개를 든다.

스트로스   혹시 항소하시면 사본을 한 부 받게 될 겁
                        니다….

난 니콜스에게 고발장을 돌려준다. 스트로스가 내 팔을 잡는다.

EXT. 스트로스 저택 – 연속

스트로스가 친절하게 나를 계단 아래로 인도한다.

스트로스	내 차와 기사를 써요. 사양 마시고.
오펜하이머	변호사와 상의를 좀 해야겠네요.
스트로스	그러셔야지. 근데 빨리 결정해요. 난 니콜스를 막을 수 없으니까. 이렇게 돼서 유감이오, 로버트.

스트로스가 마치 부모처럼 나를 자기 차 뒷좌석에 태운다.

INT. 스트로스의 차 - 밤

나는 차 뒷좌석에 앉아 있다. 그림자가 얼굴 위로 스쳐 지나간다.

오펜하이머 (V.O.)	니콜스는 내가 싸우길 원해. 모든 걸 기록으로 남기려고….

INT. 볼페의 집 - 밤

키티와 내가 조 볼페와 함께 앉아 있다.

오펜하이머	스트로스는 그냥 피하는 게 좋대.
볼페	피해도 돼. 내일 자네의 보안 인가가 만료돼. 그냥 다 잊어버려.
키티	그건 혐의를 인정하는 거야! 그럼 직장을

잃겠지. 명성도 잃고 역사 속에서 잊히겠
지! 우리 집도 잃을 거고. 로버트, 우린 싸워
야 해.

나는 키티를 바라보며 고개를 끄덕인다.

볼페   난 AEC 고문이라 자네 변호를 못 해. 로이
드 개리슨에게 전화할게.

오펜하이머   그는 유능하지.

볼페   최고지. 하지만 미리 경고해 두는데…

INT. 원자력위원회, 2022호실 – 낮

난 개리슨이 분주히 뭔가 적는 모습을 지켜본다.

볼페 (V.O.)   이 싸움은 공정하지 않을 거야.

롭   1943년 보리스 패시와의 면담 때 마이크로
필름 애길 언급했나요?

오펜하이머   아뇨.

롭이 검은 바인더에 있는 서류를 살펴본다.

롭	영사관의 있는 마이크로필름 전문가 얘기를 한 적이 없단 말인가요?
오펜하이머	특별히 언급하진 않았습니다.
개리슨	롭 씨가 인용하는 문서가 어떤 문서인지 알고 싶습니다. 저희도 사본을 한 부 받을 수 있을까요?
롭	이건 기밀문서입니다.
개리슨	청문회 위원 여러분, 우린 지금 새로운 면담 내용을 듣고 있습니다. 원래대로 직접적인 정보만 다루는 게 맞지 않을까요?
롭	이게 직접적인 정보예요.
개리슨	어째서 그렇죠?

롭이 그레이를 바라본다. 그가 고개를 끄덕인다.

| 롭 | 면담 녹취록이 있습니다. |

개리슨은 충격에 빠진다. 난 고개를 절레절레 흔든다.

개리슨	여태 제 의뢰인의 위증을 교묘히 유도해 놓고 이제 와서 녹취록이 있었다고요?
롭	누구도 과거의 진술을 왜곡하라고 당신 의뢰인에게 강요하지 않았어요.
개리슨	왜곡이요? 12년 전 일이에요! (위원들을 향해) 그 녹취록을 들을 수 있을까요?
롭	개리슨 씨, 당신은 보안 인가를 못 받았어요.

나는 이 부조리에 분노를 느낀다.

오펜하이머	지금 읽는 내용을 다 기록 중이잖아요!

개리슨이 내 팔에 차분히 손을 얹는다.

개리슨	제 의뢰인을 함정에 빠뜨리려는 겁니까, 진실을 밝히려는 겁니까? 진실을 밝히려는 거라면…

개리슨이 그들 앞에 놓은 검은 바인더를 가리킨다.

개리슨	왜 다 비공개죠? 증인 명단은 어디 있습

니까?

그레이 개리슨 씨, 이건 재판이 아닙니다. 잘 아시 겠지만 증거의 원칙이 적용 안 돼요. 이건 국가 안보 사안입니다.

개리슨 왜 국가 안보 때문에 저희에겐 증인 명단을 제공 못 한다는 겁니까?

그레이가 굳은 표정으로 개리슨을 바라본다.

그레이 잠깐만 좀 쉬죠.

오펜하이머 여러분, 약속드리건대 녹취록에 있다면 다 인정하겠습니다. '제가 헛소릴 꾸며냈다'라 는 얘긴 이미 말씀드렸고요.

롭 얼마나 자세히 꾸미는지는 말하지 않았 죠. 왜 거짓말을 그렇게 자세히 꾸며낸 겁 니까?

오펜하이머 제가 멍청했으니까요. 정보 담당자들에게 뭔가 귀띔을 해주고 싶었는데 그러려면 모 든 얘길 다 해야 한다는 걸 생각 못 했어요. 세부 내용을 말해달라는 요청을 받고 전 거짓된 얘길 꾸며냈습니다. 실은 마이크로필름도, 영사관 관련자도 없었습니다. 그 프로젝트에 개입된 사람은 세 명 이상이 아니고 저 하나였어요.

롭   왜 거짓말을 했죠?

오펜하이머   그야 중개인이 누군지 밝히지 않으려고 그런 거죠.

롭   당신의 친구인 공산주의자 슈발리에를 보호하려고요?

오펜하이머   네.

롭   지금도 그 사람이 친군가요?

난 우쭐대는 롭과 기대에 찬 위원들을 돌아본다.

오펜하이머   슈발리에는 제 친구입니다.

롭이 만족한 얼굴로 물러난다.

INT. 2022호실 밖 복도 – 낮

오펜하이머와 개리슨이 휴식을 취하고 있다. 라비가 다가온다.

개리슨   라비 박사님, 와주셔서 감사합니다.

개리슨은 팀원들과 회의하고 있는 롭을 둘러본다.

개리슨   (조용히) 또 누가 소환됐는지 아세요?

라비   당연히 텔러겠죠.
                (오펜하이머를 바라보며) 로렌스도 연락받았대.

오펜하이머   그래서 뭐랬대?

라비   협조 안 하려고 했는데….

오펜하이머   그런데?

라비   스트로스가 그러더래. 자네가 수년간 루스
                톨먼과 불륜을 저질렀다고. 그들 부부의
                패서디나 집에서 지낼 동안 내내.

INSERT CUT:

   크리스마스 파티에서 내가 루스의 술을 한 모금 마시는데
   리처드가 어깨에 쌓인 눈을 털며 안으로 들어온다.

라비   리처드가 그 일로 상심해서 죽었다고 하
                더래.

오펜하이머	말도 안 돼.

라비	어떤 부분이?

오펜하이머	"상심해서". 리처드는 전혀 몰랐거든.

라비는 웃지 않으려 애쓰며 고개를 절레절레 흔든다.

오펜하이머	그래서 증언하겠대?

라비	모르겠어.

INT. 원자력위원회, 2022호실 – 낮

라비가 증언한다.

개리슨	라비 박사님, 현재 어떤 정부 직책을 맡고 계시죠?

라비	AEC 자문위원회의 위원장직을 맡고 있습니다. 오펜하이머 박사의 후임으로요.

개리슨	오펜하이머 박사와는 언제부터 아는 사이시죠?

라비	1928년부터요. 전 그를 잘 압니다.

개리슨	그의 애국심과 성품에 대해 증언할 수 있을 만큼 잘 아시나요?
라비	오펜하이머 박사는 훌륭한 인품을 지닌 사람입니다. 애국심이 강하고 신의가 있죠. 친구들에게도 자신이 몸담은 기관들에도요. 보안 파일도 봤습니다만, 전 오펜하이머 박사가 누구와 연루돼 있건 안보의 위협이 되는 인물이라고는 믿지 않습니다. 과거의 일로 AEC의 자문관 일을 계속할 수 없다는 것도 납득할 수 없고요.

EXT. 2022호실 바깥 복도 – 낮

나는 긴장한 채로 앉아 있다. 오렌지 한 쪽이 내 무릎 위로 떨어진다.

라비	먹어둬.

난 오렌지를 '빨아' 먹는다. 라비가 복도를 걸어오는 로렌스를 발견하고 몸을 곧추세운다. 라비는 나를 바라보는 로렌스를 응시한다. 로렌스가 돌아서서 간다.

오펜하이머	무슨 일이야?
라비	신경 쓸 일 아냐.

INT. 원자력위원회, 2022호실 – 잠시 후

롭이 라비에게 반대 신문을 한다.

롭	라비 박사님, 러시아의 원폭 실험 후, 합동 자문위원회 회의 전에 로렌스 박사가 당신을 찾아왔습니까?
라비	그에게 직접 물어보시죠.
롭	당연히 물어볼 겁니다. 그가 수소폭탄 문제로 당신을 찾아왔나요?
라비	네. 러시아의 원폭 실험 후, 우리의 지위 회복을 위해 뭔가 해야 한다는 걸 당시 우린 모두 느끼고 있었습니다.
롭	그럼 당신도 '슈퍼' 개발 프로그램을 시작해야 한다는 사람들의 의견에 동조한 건가요?
라비	아뇨. 우리의 자원 분배 문제에 관한 우려들도 당연히 있었죠.
롭	오펜하이머 박사가 수소폭탄 개발에 초지일관 반대 입장이었다고 생각하시나요?
라비	아뇨. 그보단 핵융합 프로그램 개발로 우

리의 우수한 핵분열 프로그램에 차질이 생길 걸 우려한 거죠.

롭 근데 그렇게 되진 않았잖아요.

라비 당시엔 양쪽이 다 가능한 상황이었죠. 오펜하이머 박사가 설립한 로스앨러모스는 어려운 여건에도 놀라운 성과를 이뤄냈습니다. 그건 한마디로 굉장한 기적이었습니다.

롭 한 가지 질문을 더 드려도 될까요? 이건 순전히 가정에 근거한 질문입니다만, 만약 오펜하이머 박사의 진술이 본 청문위가 느끼기에 충분히 진실하지 않다면… 그럼에도 그의 보안 인가를 갱신해야 할까요?

라비 그런 식으로 제 발목을 잡고 싶으신 거라면 대답을 드리죠. 전 이 모든 과정이 매우 잘못됐다는 생각을 지금까지 한 번도 숨긴 적이 없습니다.

롭 왜 잘못됐죠?

라비 그는 자문위원입니다. 그의 자문이 필요 없다면 자문을 하지 마세요. 그토록 많은 걸

이룬 오펜하이머 박사가 왜 이런 일을 당해야 합니까?

그의 기록을 보세요. 우린 원자폭탄과 '슈퍼' 폭탄 전 시리즈를 보유하고 있습니다. 뭘 더 원하세요? 인어라도 구해드려요?

Cut to:

INT. 상원위원회 청문회실 – 낮(흑백)

스트로스가 만족스러운 표정으로 텔러의 증언을 지켜본다.

텔러	…그래서 오늘 이곳에 나왔습니다. 저와 알고 지낸 동안 스트로스 씨가 과학계와 과학자들에게 보여주신 따뜻한 관심과 지지에 대해 감사를 표하고 싶어서요.
위원장	감사합니다, 텔러 박사님. 급한 사안이 없다면 잠시 휴정하죠.
스트로스	의원님, 증인 명단 제공을 다시 한번 요청드립니다.
위원장	자료가 늘 미리 준비될 순 없다는 점 후보자께 다시 한번 말씀드립니다. 힐 박사는 점심시간 이후에 출석할 겁니다.

그 말과 함께 위원장이 의사봉을 두드린다.

Cut to:

INT. 원자력위원회, 2022호실 – 낮(컬러)

롭이 위원들에게 발언한다.

롭   다음 증인 로렌스 박사가 아마도 대장염에
                              걸린 거 같습니다.

미소에 가까운 표정을 짓고 있는 개리슨을 옆으로 흘끗 쳐다본다.

롭   대신 윌리엄 보든 씨를 부르겠습니다.

난 보든이 선서를 하는 걸 지켜본다.

롭   보든 씨, 오펜하이머 박사를 조사한 뒤 뭔
                              가 결론이 나왔나요?

보든   네.

롭   그래서 그 결론의 내용을 FBI 국장 J. 에드
                              거 후버에게 편지로 전했습니까?

보든   그렇습니다.

롭   편지를 쓰기 전에 원자력위원회(AEC)에 연관된 누군가와 의논을 하셨습니까?

보든   안 했습니다.

롭   지금 그 편지 사본 갖고 계세요?

롭의 비서가 편지의 사본을 나눠준다.

보든   여기 있습니다.

롭   그걸 지금 읽어주시겠습니까?

개리슨   잠시만요!

편지를 읽기 전, 개리슨이 흥분해 손가락을 치켜든다.

그레이   왜 중단시키시죠? 그냥 읽기만 하는 건데요.

개리슨   위원장님, 전 이 편지를 처음 보는데 이 진술 중 적어도 하나는 누가 보기에도 기록하기에 부적합해 보입니다. 이것들은 지금까지 니콜스가 제기했던 사안도 아니고 그의 고발장에 들어 있는 내용도 아닙니다.

개리슨이 편지를 펼쳐 든다.

개리슨 이 내용들에 대해서도 조사를 진행해야 한다는 게 위원회의 의견인가요?

나는 그가 무엇을 보았는지 편지를 훑어본다. 얼굴이 벌겋게 달아오른다.

그레이 이 증인의 증언으로 조사가 더 확대되진 않을 겁니다.

개리슨 어떻게 확대되지 않을 수 있습니까? 증인의 증언이 신빙성이 있다고 본다면요? 롭 씨는 귀 위원회로부터 증인 소집의 임무를 부여받았고, 그가 부른 증인은 이 청문회와 관련 없는 내용을 고발하고 있습니다.

롭 위원장님, 증인은 자의로 편지를 썼고 증거도 이미 위원회에 제출됐던 것들입니다. 그가 내린 결론들은 다 유효한 증언입니다. 오펜하이머 박사 측의 증언처럼요. 피차 똑같죠.

개리슨 기소인은 이 편지를 언제부터 갖고 계셨죠?

롭	개리슨 씨, 제가 당신에게 반대 신문을 받을 이유는 없습니다.
그레이	개리슨 씨, 위원들 모두 편지를 읽었으니 그 내용을 기록으로 남기는 게 좋지 않을까요?

개리슨은 아무 말도 하지 못하고 좌절한 표정으로 나를 바라본다.

그레이	계속하죠.
보든	"후버 국장님, 이 편지의 목적은 지난 몇 년간 제가 실시한 기밀 증거 분석 결과를 알려드리기 위함입니다. J. 로버트 오펜하이머는 소련의 첩자일 가능성이 큽니다."

나는 편지를 뒤집어 뒷면의 백지만을 뚫어져라 쳐다본다….

보든	"다음의 결론은 충분한 근거가 있습니다. 첫째, 여러 정황상 1929년부터 1942년까지 J. 로버트 오펜하이머는 투철한 공산주의자로서 소련에 정보를 제공했을 가능성이 크다. 둘째, 여러 정황상 그는 그 후 쭉 첩자로 활동해 왔을 가능성이 크다."

속기사는 침착하게 이 내용을 기록하고 있다….

보든   "셋째, 여러 정황상 그는 소련의 지시에 따라 미국의 군사, 핵, 외교 정책에 영향을 행사했을 가능성이 크다."

망연자실한 나는 방 안의 누구와도 눈을 마주치지 못한다. 개리슨이 자리에서 일어나 내 옆에 앉는다.

개리슨   미안해요, 로버트.

오펜하이머   여기서 일어난 일에 관해 언젠간 진실을 말할 사람이 있겠죠?

Cut to:

INT. 상원위원회 청문회실 – 낮(흑백)

스트로스와 그의 법률 고문이 위원장의 지시에 따라 자리에 앉는다. 스트로스는 득의양양한 표정으로 방을 둘러본다.

위원장   이제 데이비드 힐 박사의 증언을 들어보죠.

스트로스가 낯이 익은 안경 쓴 남자를 바라본다. 데이비드 힐이다. 실라르드 옆에서 메모를 하다가 오펜하이머에게 펜을 붙잡혔던 바로 그다.

위원장	힐 박사, 진술하시겠습니까?
힐	감사합니다. 전 루이스 스트로스에 대해 증언해 달라는 요청을 받았습니다. 그는 정부 고위직 관료로 오랜 기간 일해왔으며 성실, 근면하고 총명한 분으로 잘 알려져 있죠.

스트로스가 만족스러운 표정으로 법률 고문을 바라본다.

힐	하지만 사견임을 전제로 전 이 자리에서 말하고 싶습니다. 왜 이 나라의 대다수 과학자들이 스트로스 씨를 관직에서 완전히 퇴출시키고 싶어 하는지를요.

스트로스가 미간을 찡그린다.

파스토레 상원의원	(친근하게 던지듯이) 일부 과학자들이 스트로스 씨의 투철한 안보관에 적개심과 반감을 품고 있단 얘긴가요? 오펜하이머 사건에서 보듯이요?
힐	아뇨.

힐이 말을 잇기 전에 물을 한 모금 마신다.

힐	그가 오펜하이머 박사를 비롯, 자신의 공식적 견해에 반대하는 모든 사람들에게 개인적인 앙심을 표출해 왔다는 걸 말씀드리는 겁니다.

법률 고문이 힐을 고집했던 스트로스를 바라본다. 상원의원 보좌관은 깜짝 놀라고, 웅성거리는 소리가 청문회실에 울려 퍼진다.

힐	제가 10년간 지켜본 스트로스 씨는 남의 의견에 귀 기울이지 않는 외골수에, 정치적 목표 달성을 위해선 진실도 외면하는 야심가이며 대중과 전문가들의 인정을 받는 것에 강박적으로 집착하는 인물입니다.

청중들이 웅성거리고 스트로스가 고개를 절레절레 흔든다. 위원장이 의사봉을 두드린다.

위원장	정숙하세요!

Cut to:

INT. 원자력위원회, 2022호실 – 낮(컬러)

버니바 부시가 선서한다.

부시	이 나라 대부분의 과학자들은 오펜하이머가 솔직한 의견을 말한 죄로 이런 시련을

겪고 있다고 믿고 있습니다. 그에 관한 치졸한 고발 내용을 위원회는 처음부터 기각했어야 합니다.

에반스   부시 박사, 전 국가에 봉사하는 마음으로 이 청문회에 참여한 겁니다.

부시   자기 의견을 표명했다는 이유로 누군가를 청문회에 앉혀놓고 심판해선 안 되죠. 그럴 거면 저부터 심판하세요. 저도 대중이 싫어할 강경한 의견들을 수시로 말해왔으니까요. 지금도 마찬가지고요. 그렇다고 해서 단죄를 받아야 한다면 이 나라는 중병에 걸린 겁니다. 죄송합니다. 제가 자제력을 잃고 흥분했네요.

Cut to:

INT. 상원위원회 청문회실 – 낮(흑백)

힐이 답변서를 읽는 동안 스트로스가 씩씩대고 있다.

힐   루이스 스트로스가 자신의 개인적 양심 때문에 공공복지에 가장 위해가 되는 짓을 한 건 J. 로버트 오펜하이머의 인사 보안 청문회에서였습니다.
              오펜하이머는 몇몇 주요 정책에 관한 스트

로스 씨의 의견에 대놓고 반대해 왔습니다. 노르웨이 동위원소 수출 건에 대한 스트로스의 의견도 비웃음거리로 만들어 버렸죠. 공개적으로 망신을 당한 스트로스는 오펜하이머에게 계속 앙심을 품어왔습니다.

수소폭탄이 안보에 유익한가에 관해서도 둘은 의견 대립이 심했습니다. 큰 영향력을 지닌 오펜하이머를 꺾기 위해 스트로스는 오펜하이머의 생각에 반대하거나 그의 정치적 영향력을 시기하는 몇 명의 야심가들에게 접근했습니다.

청중 가운데에서 텔러가 힐을 응시한다….

힐
그는 오펜하이머의 손발을 자르기 위해 인사 보안 시스템을 이용하기로 하고…

파스토레 상원의원
하지만 힐 박사, 스트로스 씨는 오펜하이머 박사에 대한 혐의 제기를 한 적도, 청문회 참석을 한 적도 없는 걸로 아는데요.

힐
네, 스트로스 씨가 고발장에 서명을 하진 않았죠. 하지만 모든 증거를 볼 때 오펜하이머 사태의 발단과 배후가 루이스 스트로스라는 사실은 너무나 자명합니다.

Cut to:

INT. 원자력위원회, 2022호실 – 낮(컬러)

그로브스가 증언한다.

롭	장군님, 지금이라면 오펜하이머 박사의 보안 인가를 내주시겠습니까?
그로브스	제가 오펜하이머 박사를 고용했던 1942년엔 원자력법이 없었지만 그 법을 기준으로 판단하면 지금은 보안 인가를 내주지 않겠죠. 제가 AEC의 위원이라면요.
롭	감사합니다, 장군님.
그로브스	하지만 다른 누구에게도 못 내줄 거 같네요.
롭	이상입니다.
개리슨	장군님, 오펜하이머 박사는 클라우스 푹스의 임용에 관여하지 않았죠, 맞습니까?
그로브스	네, 전혀 관여 안 했죠.
개리슨	혹시 미국과 로스앨러모스 프로젝트에 대한 오펜하이머 박사의 근본적인 충성심에

	의문을 제기하려고 여기 나오신 건가요?
그로브스	전혀 아닙니다. 행여 제가 그런 인상을 드렸을까 봐 걱정되네요.
개리슨	오펜하이머 박사의 지위를 박탈하는 게 공공의 이익에 부합한다고 보십니까?
그로브스	이렇게 공공연히 그의 지위를 박탈하는 건 매우 불행한 결정이 될 겁니다. 오펜하이머 박사가 받을 개인적인 타격은 차치하더라도, 정부 관련 연구 일을 하는 모든 과학자들의 사기가 크게 떨어질 테니까요.
그레이	감사합니다, 장군님.

그로브스가 일어나, 정중한 목례를 남기고 나를 스쳐 지나간다.

INT. 2022호실 바깥 복도 – 낮

개리슨이 시간을 확인한다.

| 오펜하이머 | 곧 올 거예요. |
| 개리슨 | 정말 오길 바라요? |

| 오펜하이머 | 부부 사이의 일을 아는 척하는 건 바보 아니면 철부지죠. 당신은 둘 다 아니잖아요, 로이드. |

모퉁이를 돌아 걸어오는 키티가 보인다. 뭔가 불안정한 걸음으로 다가오는 그녀의 모습을 난 계속 바라본다.

| 오펜하이머 | 키티와 난 성인들이에요. 우린 함께 시련을 헤쳐왔고요. 그녀는 잘 해낼 거예요. |

INT. 원자력위원회, 2022호실 – 낮

키티가 증인석에 선다. 난 산만하게 지갑을 만지작거리는 그녀의 모습을 뒤에서 지켜본다.

| 개리슨 | 오펜하이머 부인, 이젠 공산당원이 아니신가요? |

| 키티 | 네. |

| 개리슨 | 언제 당과 인연을 끊으셨죠? |

| 키티 | 1936년 영스타운을 떠났을 때입니다. |

| 개리슨 | 공산주의에 대한 부인의 입장은 어떤 건가요? 찬성, 반대, 중립? |

키티	강한 반대 입장입니다. 1936년 이후로 전 공산주의와 완전히 절연했습니다. 로버트를 만나기 전부터죠.
개리슨	이상입니다.
힐 (V.O.)	기록을 보면 오펜하이머는 그레이 위원회 로부터 공정한 신문을 받지 않았음을 알 수 있습니다.

롭이 반대 신문을 위해 일어난다….

Cut to:

INT. 상원위원회 청문회실 – 낮(흑백)

힐이 질의응답을 이어나가는 모습을 스트로스가 지켜본다.

힐	…기소인이 온갖 교묘하고 독창적인 법적 트릭으로 그의 진술 오류를 유도했고 그중 몇몇 건은 성공했죠.
스콧 상원의원	지금 본 청문위원회가 오펜하이머 박사에 대한 기소를 허용했다고 비난하시는군요. 그렇다면 그레이 위원회가 불공정했다고 생각하시는 건가요?

힐은 잠시 생각할 시간을 가진다.

힐   제가 그레이 위원회의 위원이면 당시 검사
                        역할을 한 기소인의 전략에 항의했을 겁니
                        다. 그를 임명한 건 청문위가 아닌 루이스
                        <u>스트로스</u>거든요.

스트로스는 무관심한 척하며 턱을 쓰다듬는다.

맥기 상원이원   그 기소인이 누구죠?

Cut to:

INT. 원자력위원회, 2022호실 – 낮(컬러)

힐(V.O.)   로저 롭이요.

롭이 키티와 눈을 맞추려고 한다.

롭   오펜하이머 부인.

키티는 롭의 시선을 피한다.

롭   공산당 당원증이 있었습니까?

키티   자, 잘 기억이 안 나요.

키티가 지갑을 만지작거린다….

롭   기억이 안 나요?

키티   그게…

그녀는 굳어 있다. 위원들이 그녀를 바라보고 개리슨은 나를 쳐
다본다.

롭   공산당에 가입하려면 당비를 내고 당원증
                     을 발급받아야 하지 않았을까요?

키티는 자기 지갑만 뚫어져라 쳐다본다.

롭   아닌가요?

그러자 키티는 결연한 얼굴로 롭을 올려다본다.

키티   너무 오래전 일이잖아요, 롭 씨. 안 그런가요?

롭   그렇진 않죠.

키티   기억하기엔 너무 오래된 일이죠.

롭   당원증을 반납했나요, 찢었나요?

키티	당원증에 대한 기억이 없다니까요.
롭	당신의 공산당 당원증 말이에요.
키티	전혀 기억이 안 나요.
롭	혹시 소련 공산당과 여타의 공산당은 다른 가요?
키티	제가 당원이었을 땐 전혀 다르다고 생각했죠.

개리슨과 나는 그녀의 한 마디 한 마디에 온 정신을 집중한다.

키티	미국의 공산당은 국내 문제에만 관심이 있다고 믿었어요. 그런데 더는 그렇게 생각 안 합니다. 공산당은 서로 다 연계돼 있고 전 세계적으로 퍼져 있어요. 당을 떠난 16년 전부터 전 그렇게 믿어왔습니다.
롭	하지만…
키티	17년 전이네요, 착각했습니다.
롭	아간…

키티	죄송, 18년. 18년 전부터요.

롭이 짜증을 참으며 한숨을 내쉰다.

롭	남편분이 스페인 내전 당시 1942년까지 자금을 보낸 거 알고 계셨습니까?

키티	네, 가끔 돈을 보낸 건 알고 있었어요.

롭	돈을 정기적으로 혹은 주기적으로 보냈는지 혹시 기억나세요?

키티가 상냥하게 미소 짓는다.

키티	정기적으로 말인가요, 주기적으로 말인가요?

롭	(짜증을 내며) 정기적으로요.

키티	정기적으론 안 보냈어요.

롭	그 돈이 공산당의 채널로 전달되는 것도 아셨나요?

키티	'공산당 채널'을 통해서'죠.

롭	뭐라고요?
키티	'공산당 채널을 통해서' 전달되는 것도 알았냐는 거죠?
롭	네.
키티	그렇습니다.
롭	그럼 남편분이 1942년까지 공산당과 연관이 있었다고 봐도 무방하겠군요. '네, 아니요' 말고 원하는 대로 대답해도 됩니다.
키티	알아요, 감사합니다. 근데 질문의 표현 방식이 잘못됐네요.
롭	제 질문의 취지는 이해하세요?
키티	네, 이해해요.
롭	그럼 취지에 맞게 대답해 주시죠.
키티	"공산당과 연관이 있었냐"라는 표현 자체가 마음에 안 든다고요. 로버트는 애초에 공산당과 아무런 관련이 없었거든요. 스

페인 난민에게 돈을 보낸 건 압니다. 공산주의 사상에 지적인 관심을 가졌던 것도 알고요.

롭   공산주의자에 두 종류가 있나요? 지적인 공산주의자와 평범하고 무식한 빨갱이?

키티가 거침없이 웃음을 터트린다.

키티   그건 대답 못 하겠네요.

에반스   (유쾌한 얼굴로) 나라도 대답 못 하겠네.

그레이가 에반스를 바라본다. 방 안이 웃음바다가 된다. 개리슨이 나를 바라보며 고개를 끄덕인다. 그녀가 해냈어.

INT. 원자력위원회, 2022호실 – 낮

난 텔러가 증언하는 것을 지켜본다.

롭   오펜하이머 박사가 미국에 충성스러운 시민이 아니라는 말을 하고 싶으신 건가요?

텔러   그럴 의도는 전혀 없습니다. 예전이나 지금이나 전 그가 애국자라고 생각합니다. 명확한 반대 증거가 나오기 전까진 그렇게 믿을 겁니다.

롭   그럼 그와 같은 맥락에서 오펜하이머 박사
가 안보의 위험 요소라고 믿습니까, 안 믿
습니까?

텔러   전 수없이 봐왔습니다. 오펜하이머 박사가
도저히 이해할 수 없는 행동을 하는 걸요.
많은 사안에서 우린 의견이 달랐죠. 솔직
히 그의 행동은 복잡하고 혼란스럽게 느껴
질 때가 많았습니다.
그런 점에서 전 좀 더 이해할 수 있고 신뢰
할 수 있는 인물이 국익과 관련된 일을 맡
는 게 맞는다고 생각합니다.

그레이   감사합니다, 박사님.

텔러가 자리에서 일어나 내 옆을 지나가면서 손을 내민다.

텔러   미안하네.

나는 그의 손을 잡고 흔든다.

키티 (V.O.)   그런 인간과 악수를 해?

INT. 프린스턴, 고등연구소 소장 사택, 식당 – 밤

키티   나라면 그 얼굴에 침을 뱉었을 거야!

개리슨   그럼 청문위에서 별로 안 좋아했겠죠.

키티   너무 비신사적인 행동이라서요? 당신들은 너무 신사적으로 대응하고 있어요.

볼페   그레이 위원장은 롭의 수작을 뻔히 보면서 왜 저지를 안 하지?

개리슨이 어깨를 으쓱한다.

키티   (나에게) 대체 어떻게 텔러와 악수를 해? 제발 순교자 행세 좀 그만해.

EXT. 프린스턴. 고등연구소 소장 사택 – 밤

개리슨이 차를 몰아 떠나고, 볼페가 나를 돌아본다.

볼페   로버트, 어차피 자넨 이길 수 없어. 이건 결과가 정해진 마녀사냥이야. 왜 더 큰 고초를 자초하나?

오펜하이머   다 그럴 이유가 있지.

볼페가 어깨를 으쓱하더니 나를 안아주고는 차에 올라탄다.

아인슈타인 (O.S.)　　　저 사람 말 일리가 있네요.

돌아보자, 아인슈타인이 불빛 아래로 걸어온다.

아인슈타인　　　당신은 마치 변심한 여잘 쫓아다니는 남자
　　　　　　　　　처럼 미국 정부를 짝사랑하고 있어요.

오펜하이머　　　당신은 제 심정을 몰라요, 알버트.

아인슈타인　　　내가? 난 내 나라를 영영 떠나온 사람이
　　　　　　　　　오. 독일에서 일어났던 수년 전의 재앙이
　　　　　　　　　지금 반복되고 있어요. 사람들은 저항 없
　　　　　　　　　이 순응하고 악의 세력과 쉽게 결탁하죠.
　　　　　　　　　당신은 조국을 위해 큰일을 했는데 이게
　　　　　　　　　그 대가라면 이 나라를 떠나는 게 옳지 않
　　　　　　　　　을까요?

오펜하이머　　　전 이 나라를 사랑한다고요!

아인슈타인이 잠시 생각하더니, 천천히 고개를 끄덕인다.

아인슈타인　　　그럼 다들 입 닥치라고 해요.

Cut to:

INT. 상원의원실 – 낮(흑백)

스트로스가 씩씩대며 문을 거세게 밀고 들어온다.

스트로스   인사청문회가 이젠 재판이 됐어. 재판에 대
                   한 재판!

상원의원 보좌관   제독님이 청문회의 배후라는 힐의 증언 때
                   문에 타격이 크네요.

스트로스   그자는 아무것도 증명 못 해. 내가 보든에
                   게 파일을 줬다는 증거도 없잖아.

상원의원 보좌관   증거가 필요 없죠. 이건 재판이 아닙니다.
                   입증 책임이 없어요.

스트로스, 그걸 깨닫고 고개를 절레절레 흔든다.

스트로스   그래, 날 벌주려는 게 아니라 그저 몰아내
                   려는 거니까.

상원의원 보좌관이 고개를 끄덕인다.

스트로스   힐은 왜 날 무너뜨리려는 거야? 이유가 뭐
                   야?

상원의원 보좌관	옳은 일을 하는 데 꼭 이유가 필요한가요?

스트로스가 상원의원 보좌관을 노려본다.

상원의원 보좌관	제 말은… 힐에겐 그게 옳은 일인가 보죠.

스트로스	내가 말했지? 오펜하이머는 과학자들에게 날 음해했어! 처음 만난 순간부터…

INSERT CUT:

스트로스는 오펜하이머가 아인슈타인에게 모자를 건네주며 호수에서 대화를 나누는 걸 지켜본다.

스트로스	…그날도 그자가 무슨 말을 속닥거린 뒤에 아인슈타인이 내 눈길을 피하더라고.

INSERT CUT:

스트로스가 다가가지만 아인슈타인은 그에게 눈길도 주지 않고 명백히 화난 표정으로 그를 스쳐 지나간다.

스트로스	그는 사람들을 조종할 줄을 알아. 로스앨러모스에선 연구에 대한 발언권을 미끼로 순진한 과학자들을 농락했지. 그 자신은 전혀 순진하지 않았거든.

Cut to:

INT. 원자력위원회, 2022호실 – 낮(컬러)

내가 증인석으로 돌아오자, 롭이 나와 맞설 태세를 갖춘다.

롭	박사님, 로스앨러모스에 있는 동안, 그리고 그 뒤 몇 년간 수소폭탄을 연구하면서 그 무기 개발에 대한 윤리적인 고민이 있었나요?
오펜하이머	물론이죠.
롭	그래도 연구를 중단하진 않았죠?
오펜하이머	네, 폭탄을 실제로 만든 게 아니라 연구만 한 거니까요.
롭	학술적인 탐색에 가까웠다?
오펜하이머	아뇨, 수소폭탄의 제조 여부는 학술적인 문제가 아니죠. 삶과 죽음의 문제니까요.
롭	1942년부턴 수소폭탄 개발을 적극적으로 밀어붙였잖아요. 아닌가요?
오펜하이머	밀어붙였다기보단 연구, 지원을 한 거죠.

롭	근데 언제부터 고민이 커져서 그토록 수소 폭탄 개발에 반대하게 된 겁니까?
오펜하이머	원자폭탄과의 상호 균형을 고려치 않고 수소폭탄 개발에 정책적으로 전력을 기울여야 한다는 의견이 대두됐을 때부터입니다.
롭	(혼란스러운 척) 그게 윤리적인 고민과 무슨 상관이 있습니까?
오펜하이머	(답답해 하며) 무슨 상관이 있냐고요?
롭	네.

INT. 상원의원실 - 낮(흑백)

스트로스가 계속해서 방을 서성거린다.

스트로스	오펜하이머는 원자폭탄을 손에 쥐고 세상을 조종하려고 했어. 말로는 핵이라는 지니를 램프에 가둬야 한다고 하지만 난 J. 로버트 오펜하이머란 인간을 잘 알아. 그때로 다시 돌아간다면 그자는 똑같은 일을 할 거야. 그는 히로시마 폭격을 후회한다고 한 적이 없어. 분명 같은 일을 또 할 거야. 왜냐면 그

래야 세상에서 가장 중요한 사람이 될 수
있거든.

Cut to:

INT. 원자력위원회, 2022호실 - 낮(컬러)

나는 롭에게 답할 말을 찾으려고 고군분투한다.

오펜하이머　　　　　우린 원자폭탄을 자유롭게 사용해 왔습니다.

롭　　　　　　　　원자폭탄을 일본 어디에 투하할지, 그 장
　　　　　　　　소 선택에 관여하셨죠?

내 귀에 발 구르는 소리가 들려온다.

오펜하이머　　　　　네.

롭　　　　　　　　당신이 선택한 그곳에 원자폭탄을 투하하
　　　　　　　　면 수천 명의 시민이 죽거나 다칠 거라는
　　　　　　　　걸 예상하셨죠?

오펜하이머　　　　　그 정도까진 예상 못 했습니다.

롭　　　　　　　　사상자가 모두 몇 명이었죠?

발 구르는 소리가 점점, 점점 더 빨라진다.

오펜하이머   7만 명.

롭   7만 명이요? 히로시마와…

오펜하이머   양쪽을 합치면 11만 명이었죠.

롭   폭격 당일에만요?

오펜하이머   네.

롭   그 후에 죽은 사람은요?

오펜하이머   5만에서 10만 명쯤 될 겁니다…

롭   22만 명이 죽었죠, 최소한?

난 고개를 끄덕인다.

롭   그에 관한 윤리적 거리낌은 없었나요?

오펜하이머   굉장히 많았죠.

롭   근데 이 자리에선 히로시마 폭격이 매우 성
                공적이었다고 증언하셨죠?

오펜하이머	기술적으론 성공한 거니까요.
롭	아, 기술적으론.
오펜하이머	어쨌든 그로 인해 전쟁이 끝났고요.

발 구르는 소리가 점점 더 빨라지고 점점 더 커진다.

롭	수소폭탄이었어도 히로시마 투하를 찬성하셨을까요?

INT. 상원의원실 - 낮(흑백)

스트로스가 상원의원 보좌관에게로 돌아선다.

스트로스	그자는 모든 영광은 혼자 누리고 책임은 전혀 지지 않으려고 했어. 그래서 '죄 사함'이 필요했던 거야. 순교자 행세가 필요했던 거지. 고난을 당하고 세상 모든 죄를 대신 짊어지는 순교자.
	그래서 어차피 해야 할 일이라는 걸 뻔히 알면서도 "아니, 이 길을 계속 가서는 안 돼"라고 떠들어 댄 거야.

Cut to:

INT. 원자력위원회, 2022호실 – 낮(컬러)

나는 대답할 말을 생각한다. 발 구르는 소리는 여전히 계속 커
지고 있다.

오펜하이머   그건 애초에 말이 안 되죠.

롭   왜죠?

오펜하이머   타깃이 너무 작으니까요.

롭   일본에 수소폭탄을 투하할 만큼 큰 도시가
                  있었다면 찬성하셨을까요?

오펜하이머   그건 당시에 제가 당면한 문제가 아니었
                  어요.

롭   만약 그랬다고 가정한다면요. 그랬다면 윤
                  리적인 거리낌 때문에 수소폭탄을 일본에
                  투하하는 걸 반대했을까요?

오펜하이머   네, 그랬을 겁니다.

롭   그래서 그런 윤리적 거리낌 때문에, 히로
                  시마에 원자폭탄을 투하하는 것도 반대했

나요?

오펜하이머   우린 당시에…

롭   '우리'가 아니라 당신이 어땠냐고요?

오펜하이머   전 반대 의견도 수용했지만 그 의견을 지지
                   하지도 않았습니다.

INT. 상원의원실 – 낮(흑백)

분노에 찬 스트로스가 방을 서성거린다.

스트로스   그는 죄책감으로 고통받는 모습을 보여줘
                   야만 했어. 모든 게 그의 시나리오였다고.
                   광대의 왕관 같은 가짜 죄책감으로 자신을
                   치장하고 싶었던 거지. 내가 그 왕관을 씌
                   워준 거야….

INT. 원자력위원회, 2022호실 – 낮(컬러)

롭이 내 얼굴을 보며 믿을 수 없다는 표정을 짓는다.

롭   3년간 열심히 개발한 폭탄인데 그걸 사용
                   하는 것엔 반대했다는 겁니까?

오펜하이머   아뇨, 전쟁부 장관이 제게 과학계의 견해를

묻길래 찬반 의견을 전한 겁니다.

롭   그러니까, 당신은 일본에 원자폭탄을 투하
      하는 걸 지지한 거죠?

오펜하이머   '지지'라뇨? 그게 무슨 뜻이죠?

롭   타깃 선정에 관여했잖아요.

오펜하이머   제 일을 한 겁니다. 로스앨러모스에서 전
      정책 결정자가 아니었어요. 정책을 충실히
      따랐을 뿐이죠.

롭   그럼 시키면 수소폭탄도 만들었겠군요.

오펜하이머   전 만들 수가 없…

발소리는 리듬을 잃고 이윽고 불협화음이 된다.

롭   그 질문이 아니잖아요, 박사.

오펜하이머   개발작업은 했겠죠. 하지만 연구소를 운영
      하는 것과 정부에 자문을 해주는 건 별개의
      일입니다.

천 개의 태양으로부터 뿜어져 나오는 빛이 창문으로 쏟아져 들어온다.

롭   러시아 핵실험 후에 당신이 공동 작성한 합
                     동 자문위원회 보고서에선 '슈퍼' 개발을
                     결사반대했잖아요. 아닙니까?

오펜하이머   저희가… 제가 말하고자 한 건… 수소폭탄
                     이 없으면 더 나은 세상이 될 거라는 것이
                     었습니다.

빛이 벽에 간 금을 뚫고 들어온다.

롭   만약 소련이 수단 방법을 안 가리고 군사력
                     을 더 키우면요?

오펜하이머   우리가 힘을 키우면 그들도 힘을 키울 수밖
                     에 없죠. 한쪽이 노력하면 상대도 더 노력
                     할 테니까요. 원자폭탄 때 그랬듯이요!

콘크리트 벽이 부서지면서 빛이 방 안으로 쏟아져 들어온다. 눈
을 질끈 감아도 빛은 점점 더 밝아진다.

롭   '원자폭탄 때 그랬듯이!', 잘 아시네. 근데
                     1945년엔 고민이 없었고 1949년엔 고민이

많았다?

소리가 멈춘다. 빛이 사라진다.

그레이　　　　　(부드럽게) 오펜하이머 박사, 수소폭탄에 대
　　　　　　　　　한 윤리적 고민이 언제부터 커진 겁니까?

오펜하이머　　　　우리가 가진 무기가 실제로 사용될 가능
　　　　　　　　　성이 크다는 걸 깨달았을 때부터입니다.

침묵.

INT. 상원의원실 – 낮(흑백)

스트로스가 발을 멈춘다.

스트로스　　　　　J. 로버트 오펜하이머. 순교자. 난 정확히
　　　　　　　　　그가 원하는 걸 줬어. 히로시마도 아니고
　　　　　　　　　나가사키도 아닌 트리니티로 기억되는 것.
　　　　　　　　　그는 내게 고마워해야 돼.

상원의원 보좌관　　그런데 고마워하지 않죠.

스트로스는 상원의원 보좌관의 목을 보면서 저 모가지가 자기 한
손아귀에 들어올지 궁금해한다.

| 스트로스 | (부드러운 말투로) 아직도 내 지지표가 많을까? 아니면 오늘이 내 인생에서 가장 굴욕적인 날이 될까? |

상원의원 보좌관은 손에 든 쪽지를 내려다보며 계산을 해본다.

| 상원의원 보좌관 | 통과되실 거예요. |

스트로스는 상원의원 보좌관을 바라보며 미소 짓는다.

| 스트로스 | 그럼 기자회견을 해야지. |

Cut to:

INT. 원자력위원회, 2022호실 – 낮(컬러)

나와 개리슨은 앉아서 그레이의 심의 결정을 경청한다.

| 그레이 | J. 로버트 오펜하이머 박사, 본 청문위는 당신의 증언과 당신 동료들의 증언을 듣고 만장일치로 당신이 애국적인 국민이라는 결론을 내렸습니다….
하지만 문제 인물들과의 지속적인 교류나 이 나라의 보안 체계를 경시하는 태도, 그리고 수소폭탄에 대한 다소 불안정한 언행과 아울러 몇몇 답변이 솔직하지 못했던 점을 고려, 투표를 한 결과 2:1로 당신의 보안 |

인가 갱신을 기각하기로 결정했습니다.

그다음부터는 거의 들리지 않는다….

그레이   곧 에반스 씨의 반대 의견이 포함된 서면 의견서가 AEC로 발송될 겁니다.

위원들이 자리에서 일어서고 보좌관들이 서류를 그러모으기 시작한다. 난 여전히 멍한 상태로 개리슨이 주는 전화기를 받아 든다.

개리슨   키티예요.

키티   (전화) 로버트? 로버트?

숨을 들이쉰다. 내 목소리가 낯설다.

오펜하이머   침대보를… 침대보를… 걷지 마.

Cut to:

INT. 상원의원실 – 낮(흑백)

문 너머에서 기자들이 모여드는 소리가 들린다. 스트로스는 거울로 넥타이를 확인하고 머리를 손질한다. 상원의원 보좌관이 쪽지를 손에 든 채로 들어온다.

스트로스   결정이 난 건가?

상원의원 보좌관   예상 못 한 몇 사람의 반대표가 있었습니다.

충격을 받은 스트로스가 몸을 굳힌다.

스트로스   승인이 안 났군.

상원의원 보좌관, 잠시 그에게 받아들일 시간을 준 뒤,

상원의원 보좌관   네, 제독님.

스트로스는 뭘 해야 할지, 어디를 봐야 할지 갈피를 잡지 못한다.

스트로스   누가 반대표를 던졌소?

상원의원 보좌관   모두 세 명입니다. 반대 의견을 주도한 건
매사추세츠의 야심만만한 신진 의원인데
제독님이 오펜하이머에게 한 일을 문제 삼
았어요.

스트로스   이름이 뭔데?

상원의원 보좌관이 기록을 확인한다.

상원의원 보좌관   어…, 케네디요. 존 F. 케네디^{John F. Kennedy}.

Cut to:

EXT. 고등연구소 소장 사택, 연구소가 내려다보이는 뒷문 – 낮(컬러)

나는 울고 있는 키티에게 다가간다.

키티   그렇게 혹독한 벌을 묵묵히 견디면 세상이
                             당신을 용서할 거 같았어?

오펜하이머   두고 보면 알겠지.

Cut to:

INT. 상원의원실 – 낮(흑백)

스트로스는 기삿거리에 혈안이 된 기자들의 문 밖 웅성거림에 귀를
기울인다. 상원의원 보좌관을 쳐다본다.

스트로스   빌어먹을! 통과될 거라면서?

상원의원 보좌관   제게 말 안 하신 일들이 있던데요?

스트로스   난 늘 국가를 위해 옳은 일만 해왔어. 그런
                             데도 내각에 못 앉히겠대? 그럼 오펜하이머
                             를 대신 앉히라고 해.

상원의원 보좌관   그럴 수도 있겠네요.

스트로스   그는 모든 과학자와 날 이간질시켰어. 한

명 한 명 차례로. 아인슈타인이 시작이었
지. 내가 말했던가? 그날 연못가에서 아인
슈타인에게…

상원의원 보좌관이 스트로스의 모자와 코트를 집어 든다….

상원의원 보좌관   네, 그 얘긴 들었습니다만 그날 둘이 무슨
얘길 했는진 아무도 모르죠. 제독님 얘길
안 했을 수도 있잖습니까? 뭔가 더 중요한
얘길…

스트로스에게 건넨다.

상원의원 보좌관   …했을 수도 있죠.

스트로스는 상원의원 보좌관을 죽이고 싶다는 듯한 눈빛으로 쳐다
본다. 상원의원 보좌관이 사무실 문을 열자, 쏟아지는 플래시 불빛
이 스트로스를 집어삼킨다.

Cut to:

EXT. 프린스턴, 고등연구소, 호숫가 – 낮(컬러)

나는 호숫가에 있는 사람에게 다가간다. 그의 모자가 날아가면
서 회색 곱슬머리가 휘날린다. 내가 아인슈타인의 모자를 집어
드는 걸 스트로스가 문 앞에서 지켜본다.

아인슈타인   로버트, 요즘 잘나가신다며?

나는 호수를 바라보는 그에게 모자를 건넨다.

아인슈타인   전에 버클리에서 날 위해 연회를 열어주고
                   상도 줬었죠? 그때도 당신들은 내가 내 자
                   신의 이론을 더 이상은 이해하지 못한다고
                   생각했죠. 그러니까 그 상은 내가 아닌…
                   당신들 모두를 위한 것이었지.

아인슈타인이 내게로 돌아선다.   .

아인슈타인   이젠 당신이 그간 이룬 성취의 결과를 감당
                   할 차례요. 그리고 훗날… 충분히 벌을 받
                   고 나면…

INT. 백악관, 내각회의실 – 낮

정장을 차려입은 수십 명의 손님들. 내 곁에는 키티, 라비, 로렌
스, 프랭크, 재키 등 수많은, 그리고 이제는 좀 더 나이 든 면면
들이 가득하다.

아인슈타인 (V.O.)   …사람들은 연어와 감자 샐러드를 대접하
                     며 축사와 함께 메달을 주겠죠.

린든 존슨Lyndon Johnson이 내 목에 메달을 걸어준다. 나는 미소를 지

으며 대통령과 악수한다. 키티는 그녀답게 환히 웃으며 돌아서서 존슨과 악수한다. 프랭크가 내게 다가와 와락 포옹한다.

프랭크　　　　　　형이 행복하니 나도 좋아.

오펜하이머　　　　　내가 행복해서 좋다니 나도 좋네.

로렌스가 다정하게 웃으며 내 어깨를 두드린다.

아인슈타인 (V.O.)　　그러곤 다 용서한다며 등을 두드리겠지.

나는 텔러가 다가와 내미는 손을 웃으며 마주 잡는다.

아인슈타인 (V.O.)　　하지만 잊지 마요. 주인공은 당신이 아니고…

텔러가 키티에게 마찬가지로 웃으며 악수를 청한다.

아인슈타인 (V.O.)　　…그들이라는 거.

키티는 텔러의 손을 시든 식물처럼 허공에 내버려 둔 채 그를 빤히 쳐다본다…. 그리고 우리는…

Cut to:

EXT. 프린스턴, 고등연구소, 호숫가 - 낮

아인슈타인이 몸을 돌려 떠난다. 스트로스가 언덕을 올라온다….

오펜하이머   알버트? 제가 그 계산 문제를 갖고 찾아갔
                        던 날 기억나세요?

아인슈타인이 잠시 걸음을 멈춘다. 빗방울이 연못 위에 떨어지
며 파문을 그린다.

오펜하이머   그때 우린 걱정했죠. 어쩌면 파멸의 연쇄
                        반응이 시작될 수도 있다고….

아인슈타인   똑똑히 기억하고 있죠. 그게 왜요?

오펜하이머   시작된 거 같아서요.

안색이 창백해진 아인슈타인. 몸을 돌려 아무 말 없이 스트로스
를 스쳐 지나간다. 발 구르는 소리….

Close in on:

전 세계에서 확산되는 핵무기를 상상하며 눈 앞을 응시하는 내
두 눈….
발소리는 점점 더 빨라지고…
더 이상 견딜 수 없어진 난 눈을 질끈 감는다. 그리고 우리는…

Cut to black.

크레딧.

끝.

오펜하이머 각본집
세상을 영원히 바꾸다

초판 1쇄 찍은날 2023년 8월 22일
초판 1쇄 펴낸날 2023년 8월 29일
지은이 크리스토퍼 놀란
옮긴이 김은주
펴낸이 한성봉
편집 김학제·신소윤·권지연·전소연
디자인 권선우·최세정
마케팅 박신용·오주형·강은혜·박민지·이예지
경영지원 국지연·송인경
펴낸곳 허블
등록 2017년 4월 24일 제2017-000050호
주소 서울시 중구 퇴계로30길 15-8 [필동1가 26] 2층
페이스북 facebook.com/dongasiabooks
인스타그램 instargram.com/dongasiabook
트위터 twitter.com/in_hubble
블로그 blog.naver.com/dongasiabook
홈페이지 hubble.page
전자우편 dongasiabook@naver.com
전화 02) 757-9724, 5
팩스 02) 757-9726

ISBN 979-11-93078-08-2 03680

만든 사람들
책임편집 최창문
크로스교열 안상준
디자인 최세정